颜值战略

产品与品牌快速引爆方法论

刘思言 | 著

化学工业出版社

·北京·

内 容 简 介

在互联网、泛娱乐发展迅猛的今天，追求“美”已经成了一种潮流。高颜值的事物更受人们欢迎。产品和品牌不仅要质量过硬，更要赏心悦目。目前，盈利潜力大、被市场广泛看好的企业，多是品牌识别度高、用户友好度高的企业，我们也称它们为“高颜值”企业。

本书以品牌辨识度、产品美观度等为切入点，将“颜值”的定义扩大，赋予它更多的内涵。除了外表，“颜值”还包括思想颜值、态度颜值、商业颜值、产品颜值等。本书提出了品牌传播的新思路，意在帮助读者打造有吸引力的产品，最终获得更高的品牌溢价。

图书在版编目（CIP）数据

颜值战略：产品与品牌快速引爆方法论 / 刘思言著. —北京：化学工业出版社，2021. 10

ISBN 978-7-122-39704-1

Ⅰ. ①颜… Ⅱ. ①刘… Ⅲ. ①企业管理－品牌战略－研究 Ⅳ. ①F272. 3

中国版本图书馆 CIP 数据核字（2021）第 161220 号

责任编辑：刘　丹　夏明慧　　美术编辑：王晓宇
责任校对：王素芹　　装帧设计：水长流文化

出版发行：化学工业出版社（北京市东城区青年湖南街 13 号　邮政编码 100011）
印　　装：三河市航远印刷有限公司
880mm × 1230mm　1/32　印张 8　字数 159 千字　2021 年 10 月北京第 1 版第 1 次印刷

购书咨询：010-64518888　　售后服务：010-64518899
网　　址：http://www.cip.com.cn
凡购买本书，如有缺损质量问题，本社销售中心负责调换。

定　　价：55.00 元

前言

随着人们生活水平的不断提高，90后、00后群体在消费市场中的占比不断增大，个性化的消费越来越多。消费行为的发生不再只是因为刚需和实用。我们越来越经常听到的购买理由是“因为它好看，颜值高”。

在互联网、泛娱乐发展迅猛的今天，无论是消费者还是企业，追求“美”已经成为一种潮流。各种产品都需要围绕“美”产生，无论是服装、饰品还是培训。

一般来说，我们理解的“颜值”仅指外表。但是在人们对商品的需求越来越多样、要求越来越高的今天，仅有好看的外表是完全不够的，产品的质量，或者说内涵仍然占据产品研发的核心位置。也就是说，产品不仅要质量过硬，更要足够“贴心”。

消费者购买一件商品，可以因为我需要，可以因为商品好看，我喜欢，也可以因为我认同品牌所体现的价值观。因此，本书在产品设计与品牌塑造方面，赋予了“颜值”更丰富的内容，它包括产品的文化内涵、产品设计者的“匠心”、专业精准的营销方式等。

虽然说产品的设计要符合大众审美才会有不错销量，但产品的“颜值”不能同质化。产品要有自身的独特性，既符合消费者认知，又能让人“过目难忘”。

产品的“颜值”不能只流于表面，它要贯穿于产品的整个使用过程，这就是产品与消费者进行互动的过程。高颜值产品能使用户的使用过程变成一种享受，让用户与产品不需要相互适应，就能“一拍即合”。

消费者发生购买行为的原因是多样的，企业可以找准定位，从自己适合的角度来打造产品“颜值”吸引消费者，让消费者认可产品的“颜值”，主动追随品牌，成为品牌的铁杆粉丝。

企业应当构建产品“颜值”地图，在产品运营的每一个阶段都以“高颜值”作为标准，打造出极致的产品和品牌。

本书意在提出打造产品和品牌的方法论，以产品的思想颜值、态度颜值、商业颜值、产品颜值为切入点，通过对丰富的实际案例进行分析，深入探讨产品时尚感、仪式感、轻奢化、工业化、品牌化、故事化等特点。希望为创业者、产品经理等读者开阔思路，找到唤醒品牌颜值，激励消费者追随品牌的方法。

笔者学识所限，疏漏之处在所难免，恳请读者批评指正。

著者

目录

第1章 颜值存在感：重新定义颜值价值

第2章 产品仪式感：用灵魂铸造产品

第5章 品牌法则：新品牌如何成长

第6章 用户体验原则：以用户为中心

第7章 故事法则：再好的道理比不上一个好故事

第8章 商业颜值：步步为营，让营销动起来

第 1 章

颜值存在感：

重新定义颜值价值

现象级产品大爆发的时代，唯有“爆款”才能生存。产品只有在最短的时间内引爆用户的热情，成为众人关注的焦点，才能长期在市场中占有一席之地。

什么样的产品能成为爆款？必须有能快速打动消费者的点，比如产品的高颜值。

1.1 有“颜”不一定有“值”

颜值，字面理解，颜是指容貌、外表，值是指数值，颜值指的是一个人或一件物品的好看程度。人们习惯用颜值形容外表，但本书所讲的颜值，除了外表，还包括内在。

例如，对于产品来说，除了外表，其品质、使用感、品牌文化等都是吸引消费者的因素。真正能广泛传播的“爆款”产品，一定是既实用又好看的。

一双耐克运动鞋100美元，一双特步运动鞋60美元，一双361度运动鞋50美元。为什么看起来外表相近的鞋价格会如此不同？我们必须承认，外表不是影响产品销量的唯一标准，我们正处在一个塑造产品价值的时代。如今的市场是产品供大于求，是买方市场，谁能打动消费者，谁才能取得最终的胜利。

那么，如何打动消费者？

首先，我们需要塑造产品价值。这需要企业清楚自己产品的卖点，并能准确把握用户需求。马云创造阿里巴巴是为了满足互联网时代用户的电商需求，比尔·盖茨建立微软是因为准确把握了未来个人电脑的需求，乔布斯成就的苹果霸业是以洞察年轻人的个性需求为基础的。

其次，企业要提高产品价值的可感知性。可感知性就是将产品的价值具体化，帮助用户对产品的价值形成可视化的感知，为产品的营销和推广加分。

以保险产品为例，在进行产品的营销和推广时，可以以用户的“安全感”为营销重点，告知用户花现在的钱，是为以后的生活提供保障。为用户规划一张幸福老年生活的蓝图，帮助他们提高保险产品价值的可感知性，进而获得用户的关注和青睐。

企业想要获得最终的价值感知的提高，需要将产品的价值和用户的需求进行有机结合，找出其中最恰当的产品价值，帮助用户提高对产品价值的感知。

比如，人们在购买美白护肤品时，由于产品本身缺乏后验性价值，用户在使用产品之后，并不能立马感受到皮肤变白。但是，产品的生产厂商会在产品中加入保湿的营养成分，让用户在每次用完产品之后能够感觉到产品带来的效果，虽然只是皮肤变得水润光滑了，并未有显著的美白效果，但是它在价值体验上让用户感受到了皮肤的变化，所以用户还是会觉得产品是有效的。

2017年7月，网红酒“江小白”和星座博主“同道大叔”联合推出了一款十二星座瓶身包装的限量版白酒。不同的星座包装上都配有专属的“酒话”文案，一众网友直呼“句句扎心”。这样的跨界营销活动迅速引爆社交圈。

狮子座、天蝎座、射手座等极具个性的十二星座卡通形象出现在江小白的瓶身上，吸引了大量年轻人的目光。这款产品发布后不久，单条微博阅读量就超过1000万，相关话题#星座酒话#在短短几天引起网友大量讨论，讨论量直接达到了2.9万，话题阅读量超过350万。江小白"星座定制瓶"独特的外表，让其收获了众多粉丝，定制瓶如图1-1所示。

图1-1　江小白"星座定制瓶"

江小白的"星座定制瓶"，其实是在江小白的瓶身包装上印制"本王特烦两种人，一种是不赴我约的，一种是和我抢着买单的""都说我是腹黑怪，但对朋友，我就是傻白甜""都说兄弟如手足，那我应该是千手观音"等符合星座特点的文案。这些逗趣的文案赋予了江小白独特的文化内涵。很多喜爱江小白的人都会选择专属于自己星座的白酒，一些对白酒没兴趣的人也开始尝试江小白。

江小白在白酒中一直被贴着“特立独行”的标签，其营销文案和瓶身变化总是切中正在奋斗的年轻人的痛点。江小白的高颜值瓶身将星座特点和那些有态度、有追求、有理想的年轻人紧紧捆绑在一起，而年轻人又是星座文化的超级拥护者，同道大叔可以说是国内星座文化的符号，所以这既契合了年轻人会玩的特性，同时又满足了他们对星座的爱好。

二者的结合让江小白的“星座定制瓶”不仅拥有了好看的外表，又成了年轻人寄托情感的工具，拥有了情感价值。

用户购买一件产品的根本原因是看中了产品的价值。毋庸置疑，所有的产品营销活动都在做一件事情，那就是证明自己的产品很优秀，值得购买。要想让产品成为爆款，就必须有足够吸引用户的高颜值，在实用的基础上，还可以好看、有态度等。

在这个产品同质化日益严重的市场中，企业必须要丰富产品的颜值，才能在激烈的竞争中脱颖而出，否则是不可能长期存在于市场的。

1.2 灵魂可以有趣，产品也有思想

产品的颜值设计中，思想颜值也是其中的一个部分。思想颜值也被叫作社会性颜值，它主要关注该产品的内在有没有反映社会现实、有没有以用户为中心以及内在是否有深度或者有趣等。

随着时代的发展，科技的进步，在策划产品时，不能再只关

注产品的实际使用功能，而是要将产品的使用功能、审美功能、文化功能等要素融合在一起。

一款产品如果既好看又实用，那么它的魅力值也会得到大幅的提升。产品独特的外观能够用最快、最直接的方式向用户传递视觉方面的信息，帮助用户从外在了解产品；而产品的实用性则可以向用户展示内在的思想、特点和服务理念，让用户产生追捧产品的欲望。

Juicy Salif是一款非常知名的柠檬榨汁器，它的研发和设计就体现了产品的思想颜值。这款榨汁器外形奇特，被人们形象地称为“外星人”，它是由世界著名的设计师菲利浦·斯达克（Philippe Starck）设计，是当时社会上风靡一时的爆款产品，它的外观如图1-2所示。

图1-2　Juicy Salif柠檬榨汁器外观

这款榨汁器在设计时，使用与其他榨汁器不同的外形和材质吸引用户的注意，让产品不仅是一款榨汁器，更是人们口中的艺术品。拥有这样一款榨汁器的用户，既享受到了产品的实用价值，又为自己的生活平添了一份独创的优雅和精致。

同样的，凉茶加多宝在做产品宣传时，也采用了“红罐装”这一特色，将红色包装作为自身产品的特殊标志，在市场中获得了较高的辨识度和知名度。这也是思想颜值在产品策划中的体现。

产品能够通过思想颜值的设计表达价值取向，以此连接用户。例如，“爱在当下”是我国女性大健康领域的知名品牌，旗下产品专注于女性健康，同时，在产品设计方面，“爱在当下”也通过高颜值的产品设计向用户传递着帮助女性成长的价值观。

“爱在当下”的产品价值观对女性的关心不只体现在身体方面，也体现在精神方面，其目标是帮助女性由内而外地健康、自信起来，其产品包装以橙色为主色调，寓意着阳光、独立、自信，这是产品传递出的主要思想。在这种思想的引导下，用户也深受感染，借助产品实现自我改变。

除了生活中常见的一些产品融入了思想颜值的设计，一些新型网站的设计也融入了思想颜值。例如，在一些常见的垂直导购社区中，页面设计者不只单纯地利用社区功能为网站引流，还导入了一些深层次的内容，如主题导购、情感导购等。设计者通过这一形式与用户建立信任关系，并尝试在精神层面打动用户。

这一方法也是产品提高思想颜值的形式。它具体表现为网站导购的情境化和情感化，形象地说，就是在网站的设置中，采用更加人性化的导购界面，并在其中植入产品的使用情境，弱化产品本身的描述，用产品形态所具有的情感特征表述产品。

企业想要将产品打造成爆品，首先要学会在市场中发现商机，具备打破常规思考路径的能力，这样才能在策划产品时，摒弃之前以功能取胜的思想，转变为提升以用户为中心的产品思想颜值。例如，在设计“一撕得”纸箱的过程中，研发团队的设计思路是凭借“包装物”这类产品对整个包装的产业链进行改进，使世界变得更好，如图1-3所示。

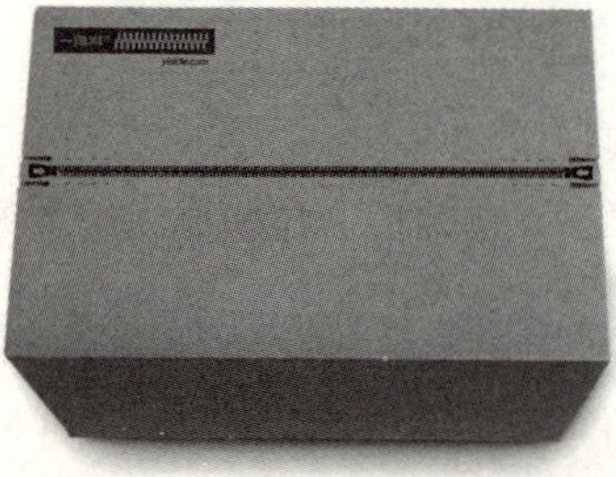

图1-3　“一撕得”纸箱的外观

在当前的创业形势下，能够真正解决用户需求的产品才能够吸引用户、留住用户，从而成为爆品。因此，用思想颜值高的产品吸引用户才是明智的做法，这比疯狂“烧钱”更有利于产品的营销。

“一撕得”纸箱在研制过程中始终坚持以用户为中心。研发团队在非常传统的包装行业里寻找了一款看似不可能有任何研发价值的产品，解决了人们日常生活中的痛点问题，并且最终获得了成功。

纸箱在人们的生活中很常见，它被人们用来装各种东西，既能够使其中的物品得到很好的保护，又方便运输。

“一撕得”纸箱公司对纸箱做了大量的分析和研究，他们发现箱子最大的功能就是包裹商品，并保证其在运输途中不出现问题。但是产品的设计必须紧跟时代，而现代人对于产品的需求越来越倾向于人性化。

过去，设计者在做产品时常思考的是以功能为核心，而不是以用户为核心，所以用户的需求经常得不到满足。但是如今是互联网时代，主张用户本位思想，产品想要成为爆品，就需要将设计的重心转移到用户身上，以获得更多用户的欢迎。

因此，“一撕得”纸箱找到了用户开箱困难的痛点，为纸箱安装了“拉链”，最终成功在行业内脱颖而出，成为爆品。

随着买方市场的到来，思想颜值对产品设计的意义越来越重要。产品只有更符合用户的生活情境与生活方式，体现出用户的品位或格调，才能激起用户的购买欲望。

1.3 有态度，有拒绝

一件高颜值的产品是有自己的态度的，它要能向用户传达品牌在生活中某一方面的主张，从而与用户对话，在用户心中形成自己的特色。

网易新闻客户端是网易公司旗下的一款移动资讯类App。内容涵盖新闻、财经、娱乐、同城等多个资讯类别。它为手机用户提供全天候不间断的新闻资讯，除了新闻内容丰富，跟帖、图集、投票功能都受到广大用户的欢迎，其中“无跟帖，不新闻”

已成了网易新闻客户端的特色。跟帖玩法是网易新闻客户端独创的互动形式，这一玩法让用户更有参与感，吸引了大量用户下载移动客户端。

网易新闻客户端曾在两会期间推出了高端访谈和移动端直播互动两大栏目，另外成立“策划小分队”，用图解新闻、视频等方式对两会进行系列报道，无论是在数量、深度，还是用户互动人数上，都超过了其他门户网站。

除了形式的创新，网易新闻客户端还开发了一系列的原创内容。《每日轻松一刻》《另一面》《今日环球侃客》《娱乐Big Bang》等四十余档原创栏目深受用户喜欢。其中《每日轻松一刻》是客户端的王牌栏目，每篇文章的跟帖量都超过万条，页面浏览量更是超过千万。

网易新闻客户端做得风生水起，主要原因是它的软件独具特色，让新闻与互动紧紧联系在一起，它有以下六点特色。

① 跟帖盖楼

跟帖是网易新闻客户端的特色功能，“无跟帖，不新闻”是网易新闻客户端的宣传口号，也是网易公司做新闻的态度。

② 要闻推送

免费推送重大新闻，让用户实时了解时事。

③ 个性定制

除默认推荐频道外，网易新闻客户端可提供多个频道的定制，满足不同用户需求。

④ 离线阅读

Wi-Fi环境下，自动下载新闻，不占用数据流量，在地铁里中也能看新闻。

⑤ 图片精选

每天定时更新图片，让文章浏览更精彩。

⑥ 投票功能

精选热点话题投票，便于表达民意，传递最真实的结果。

从网易新闻客户端的产品特色和功能来看，简单有个性、注重原创、交流互动是它的杀手锏。它们是网易公司做新闻的态度，更是用户对网易新闻客户端的记忆点。

努比亚（nubia）手机也是一款有态度的产品，以“Be Yourself”为品牌理念。多年来，努比亚手机一直保持着自己的个性，秉承自己的态度。

努比亚手机总经理倪飞曾在产品发布之前发微博称：“6周年诚意之作，迄今为止，最全面的全面屏！”这部双面屏手机早就成为手机圈讨论的焦点，甚至还在网上激起了“小号碰瓷黑稿”的事件。随着新品发布日的临近，关于努比亚X的预告也层出不穷。努比亚还在微博上放出搞笑预告，号召大家一起扔掉手机壳。视频中，大家扔掉手机壳，声称“完美无需掩饰”，暗示努比亚X将会在外观上有很大的突破。这种种迹象也让大家联想到努比亚X将采用正反双屏设计。

此前努比亚官方就非正式地爆料过自己的“黑科技”，暗示了努比亚的科技亮点。如今看来，官方宣传的“扔掉手机壳，秀出个性不凡的你”与手机背面的设计非常契合。

努比亚AI研究所推出的新技术，让手机能够随着App的主题颜色自动调整手机壳的颜色，确实极具个性又展示了自己的态度。这部6年诚意之作作为一款里程碑式的产品，为用户展示了什么是创新以及努比亚手机注重个性的态度。

同年，努比亚又将梵高名画《星空》融入了Z18手机的背部设计，这款手机被叫作“努比亚Z18梵高星空典藏版”。该典藏版手机通过“琥珀凝雕”工艺把蓝色夜空和金黄色星辉融入了手机背部。这种工艺用金色渐变和星空蓝渐变镂雕等6层工艺，把手机背面做成了世界名画，如图1-4所示。

图1-4 “努比亚Z18梵高星空典藏版”背面设计

背面如此有个性，正面也要般配。Z18梵高星空典藏版的正面屏占比超过90%，无边框技术和水滴造型设计感十足。整机的尺寸也非常小巧，单手握持起来也毫不费力。

外观展现了个性还不够，该典藏版手机的后置高清晰度双摄像头有着AI场景识别等16种拍照玩法。其中艺术相机能通过AI技术把想要拍摄的照片变成不同风格的艺术画作。

网易新闻客户端把跟帖和互动作为产品的态度，努比亚手机把个性和创新作为产品的态度，他们都在深耕产品人性化的设计方法，让产品与用户对话，与用户产生共鸣。

1.4 产品有身价，用户有身份感

小李在一家设计公司做前台工作，月薪4000元。工资不高、几乎没有存款的她，却习惯每天下午点一杯星巴克咖啡，每天要为之付出几十元，她却一点也不心疼。

有同事很不解，明明公司茶水间有免费的速溶咖啡，为什么她要花钱去喝星巴克呢？小李却微笑解释道：“只有手里捧着一杯星巴克，我才觉得自己真正融入了这个城市。”

为什么星巴克有如此大的魔力，能让身在异乡的小李一下子就有了身份感和认同感呢？这背后的原因与星巴克的身价密不可分。

一杯星巴克咖啡的售价在20～50元，这个费用几乎超过了一些大城市的午餐费用。大家都知道一杯咖啡的成本并不高，除了牛奶和咖啡豆，就只是店面费用和员工工资。如果消费者打包一杯咖啡，不仅没有占用店面，拎着星巴克的袋子，还免费为星巴克做了广告。在这个交易过程中，星巴克可以说稳赚不赔。

星巴克的定价方法叫作消费者价值定价法，也就是说星巴克不考虑咖啡的制作成本，只考虑消费者愿意付出的价格，所以星巴克的咖啡基本不按原材料定价。消费者喝一杯40元的星巴克咖啡，真正喝到咖啡的价值也许只有10元，另外30元是星巴克的“身价”。

在喝星巴克的过程中，消费者另一个关键需求是提高自己的品位，也就是上面案例中小李获得的“身份感”。很多白领认为拿一杯星巴克的咖啡就是中产阶级的标志，所以他们愿意为这个身份感多付溢价。

再看星巴克提高自己身价的策略。星巴克是第一个提出“第三空间”概念的公司，第三空间是指除了居住和工作地点以外的非正式公共聚集场所。通过这个概念，星巴克解决了消费者的两个痛点：一是没有聊天办公的地方，二是缺少象征身份的标志。而咖啡只是完善这个概念的附属品罢了。

除了星巴克，同样利用自己的身价抬高价格的还有依云矿泉水。

依云（Evian）在国内常是高端水的代名词，一瓶水要卖到几十元，而且它总出现在各种高端场合，如香格里拉等五星级酒店的大堂里。但即使这样，还是有很多人愿意为它买单，和星巴克一样，秘诀就在于依云也通过提高自己的身价，让用户获得了奇妙的身份感。

正如依云所说："我喝的不是矿泉水，而是依云。"意思是消费者喝依云矿泉水的时候，喝的不仅是水，还是一瓶让自己获得身份感的"神奇药水"，让消费者获得了感官和心理上的双重体验。下面就来看一下依云是如何提高自己的身价的。

（1）背后支持

依云水占据中国将近30%的高端水市场，在全球的高端水市场占有率也达到了10%，是名副其实的高端水龙头企业。它的主要消费市场有英国、法国、美国、中国等。

在依云背后，还有达能（Danone）在默默支持。达能是法国食品界的巨头，也是世界上规模最大的食品公司之一。纽迪希亚、碧悠和波多等都是达能旗下的品牌。达能还曾拥有过娃哈哈的控股权。所以，依云矿泉水可以说是"含着金汤匙出生的"。

（2）产品故事

依云的高身价，还在于一个奇迹般的故事。

17世纪末，法国大革命时，有个叫Lessert的侯爵，途径依云小镇。当时，他患有严重的肾病，听说当地流行喝水，于是，他出于好奇尝了尝。结果，喝了一段时间后，侯爵发现自己的病开始好转了，便惊呼这里的水有治愈效果。事情传开后，许多法国人慕名来到依云小镇喝水，甚至还用水做SPA（拉丁文Solus Par Agula，水疗）。后来，法国医学专家对依云水做了分析，证明依云水对健康确实有一定的帮助。

当然，我们无从知晓侯爵故事的真假，但结果是依云水在法国一举成名，成为最著名的水。

18世纪末，拿破仑三世将该地命名为“依云（Evian）小镇”，Evian是拉丁语，意为“水”。后来的故事很简单，19世纪初，依云水工厂建立，开始出售瓶装水，19世纪末打入美国市场，之后逐渐成为世界高端水品牌。

（3）广告

身价高的产品总是离不开高超的推广方式，依云矿泉水也不例外。依云曾推出过“依云宝宝”系列广告，在该广告中，总是出现小孩子与成年人的对比，从而告诉观众：喝了依云水你就能像婴儿一样稚嫩、年轻，以此突出依云水有益健康的特点。

（4）设计

依云曾与顶级时尚设计师合作，每年为依云设计一款限量版瓶身，用艺术和时尚来诠释自己的产品，如图1-5所示。

图1-5　依云水限量版瓶身

英国时装设计师Paul Smith为依云水设计过云彩瓶，日本设计师三宅一生也为依云水设计过云鑫瓶，受到了全世界消费者的欢迎。

1.5 唤醒颜值崇拜，用感性做商业

人是视觉动物，研究表明，人类用0.1秒就能确定眼前的事物是美是丑，丑的事物会立刻被大脑排除，进而大脑会产生一种厌恶跟反感的情绪，这种情绪会影响人们的进一步决策。

在生活节奏加快、人们越来越重感情的今天，产品除了需要满足用户的基本需求，还应该注重用户的情感需求。强调以情动人的感性商业，在打响产品品牌的同时还能赋予产品文化内涵，不失为一种占领市场的有效方式。

网易云音乐曾在地铁站做过一个音乐乐评广告。网易云音乐从5000条获得点赞数最高的优质评论里，筛选整理出一部分评论铺满了杭州地铁1号线和江陵路地铁站。该广告以“鲜艳的色彩+简洁的大字+动人的故事”，把有故事、爱听歌的人们都感动了。

乐评里都是人生感悟，可以说网易云音乐的广告是最走心的营销。每一条乐评都是金句，一句话概括了一段人生，触动了千千万万陌生人的心弦。在杭州人流量巨大的地铁站里，无数个匆匆而过的陌生人在乐评中找到了共鸣，仿佛自己的人生就

被贴在这里，行人在网易云音乐的广告中获得了心与心的交流，网易云音乐也因此实现了以音乐抒发情感、以情感分享音乐的目的。

网易云音乐广告成功的根本原因是它做到了用感性做商业来打动用户，那么如何才能做到这一点呢？具体方法如下。

（1）感性产品策略

为感性消费提供的、旨在满足用户的个性和精神愉悦感需求的产品被称为感性产品。感性产品的设计需要满足以下两点。

首先，研究目标用户的心理，挖掘他们的核心痛点，然后通过特有的感性设计赋予产品某种独特的情感，并以感性的力量唤醒用户的购买欲望。

例如，新加坡STOKYE公司推出的“绿得”情侣型饮料就运用了该策略。STOKYE不是把两种同款饮料组装在一起，而是将饮料设计成一瓶双管，男女共用。两支吸管相连通，构成“心”字，意为心心相印。产品一上市，大受新加坡情侣们的喜爱，成为他们必买的饮品。

其次，让品牌、包装传情。一个富有文化内涵的品牌带给公司的无形财富是不可估量的。

例如，“红豆”内衣的出名，是因为它的品牌形象令人倍感亲切。“红豆”二字有着深厚的文化底蕴，能唤起人们的思念情绪，让人们把这种情感转移到了“红豆”内衣上。

（2）感性价格策略

商品价格是影响用户购买决策的重要因素，赋予商品价格“感性色彩”，迎合各种用户的消费心理，往往会产生很好的效果。

首先，利用谐音定价就是针对用户讨口彩、图吉利的心理，如520（我爱你）、1314（一生一世）、888（发发发）等。

其次，可以运用尾数定价策略，定价时保留商品价格的角分尾数。这是因为对于一部分用户来说，他们会觉得29.98元比30元便宜一大截。

（3）感性渠道策略

由于感性市场上商品个性化的特点，跳过中介直接面向用户，也是更快更方便地满足了用户需求的方法。

① 渠道结构扁平化

渠道结构由金字塔式转变为扁平化，是感性渠道发展的第一步。这种销售渠道让渠道变短，使得厂家与用户能直接沟通，提高了厂家对分销通路的辐射力。

② 渠道终端感性化

渠道终端感性化分两种情况，一种是直接面对用户，即通过一对一营销满足用户千差万别的感性需求；另一种是直接面对零售商，即顺应用户感性化的需要，开办特许经营店、品牌专卖店等。

③ 渠道关系互动化

渠道关系互动化也分两种情况，一种是厂家充分利用网上交易环境，让自己与用户互动，最大限度使供需关系得到协调；另一种是厂家与商家互动，利用互联网使销售活动智能化，以对用户的个性需求做出迅速反应。

（4）感性促销策略

感性营销还需要综合运用用户的视觉、触觉等感官，具体可以运用以下四种方法。

① 用广告煽情

广告若能充分考虑目标用户的特定心态，并借助良好的艺术形式来渲染品牌特有的感性色彩，便能迅速获得用户的青睐，博得用户的欢心。

例如，乐百氏的“27层净化”配上黎明的歌词“爱像水一样纯净，情像水一样透明”，使乐百氏富有诗意。广告视频中，黎明和街头一群小朋友玩水，让用户产生了情感上的共鸣，这让用户想起了自己在孩童时戏水的欢乐。

② 用人员攻心

从产品与用户的关系到产品加推销人员与用户的关系，这一转变是从理性到感性，是硬邦邦的物质到丰富多彩的情感的转变。

因为用户最初接触的不是产品，而是推销人员的眼神与动作。沟通从心开始，人与人之间的交流是任何其他形式的交流所不及的。因此，推销过程中推销员表现出的人性关怀是最具攻心性的一招。

③ 用营业推广促情

营业推广是在特定的时间内，公司以某种实惠、利益或机会引导和鼓励用户购买产品的促销活动。例如，利用用户追求物美价廉的心理，通过打折促销来争取他们等。

④ 用公共关系固情

公共关系树可以帮现代企业树立良好公众形象，从而增强产品的市场吸引力与竞争力，以此增强用户的黏性。

农夫山泉是运用公众关系树实现感性沟通、树立良好公众形象的典范。农夫山泉有一则宣传标语是：你每喝一瓶农夫山泉，就为贫困山区孩子捐出一分钱。

这则广告让消费者在购买农夫山泉时，既能被农夫山泉的社会责任感所感染，又能为公益事业献出一份力量，进而在消费者心中树立起了关注公益、践行社会责任的企业形象。

在感性消费时代，谁能赋予产品以情，谁就能赢得用户的信赖，谁就拥有了广阔的市场。高颜值产品应是有情的、内在丰满的，它能引起消费者积极、正面的情绪，从而唤醒其颜值崇拜的心理，使其本能地去追随产品。

1.6 产品能力是每个人的底层能力

梁宁在《产品思维30讲》中曾指出：“产品能力是人生的一个底层能力，就是训练一个人：判断信息，抓住要点，整合有限的资源，把自己的价值打包成一个产品向世界交付，并且获得回报。”

这种能力在我们做任何一件事时都会用到，所以它被称为底层能力。例如，你写一篇文章，这篇文章就要对读者有价值，要么提供方法论、要么舒缓心情、要么有文学美感，否则这篇文章就没有意义。

同理，做产品也是如此。企业需要不断打磨产品直至完美，这个过程在实现企业价值的同时，也为整个世界贡献了有价值的东西。这种产品能力，是成功路上所必备的。那么“如何提升产品能力”，具体有以下几个关键点需要注意。

（1）同理心

① 怎样理解愉悦与不爽

人会在很多情况下生出愉悦的感受，比如工作完成、考试通过、买到了心仪的物品等。而如果这些情况相反，则会生出不爽的感受。简言之，人的需求被满足就会愉悦，而需求未被满足就会不爽，这是两种瞬间情绪感受。

② 怎样理解愤怒与恐惧

愤怒与恐惧都是人们被侵犯后的应激反应，但愤怒是在恐惧的事情发生后人们生出的一种自我保护的情绪，所以说愤怒来源于恐惧。恐惧是每个人都会有的情绪，因此，产品的痛点也可以来源于恐惧。一个产品要么让消费者感到愉悦，要么帮消费者抵御恐惧，灵活把握这两种感受，才能做出高颜值的产品。

③ 产品要顺应用户潜意识

有一个很奇怪的现象，有时候消费者在选购商品时，明明说自己喜欢蓝色，可付款时却买走了白色。消费者之所以口是心非，是因为它的潜意识中就是喜欢白色，而根据当时的场合不得不说自己喜欢蓝色。

产品不能主动去推销自己，只能被动等待用户选择。所以，企业要做顺应用户潜意识的产品，不要让用户花太多时间在选择上。

（2）机会判断

① 怎样找到有势能的趋势

强扭的瓜不甜，许多企业能成就非凡，除了它们有实力外，还因为它们会顺势而为。就像古代打仗，士兵从制高点推石头下来伏击敌人，比直接与敌人正面抗衡的成功率大得多，这正是因为地理优势提升了整支队伍的战斗力。

② 痛点、痒点、爽点，都是产品机会

痛点是消费者迫切需要解决的问题。例如，海飞丝广告中，一年轻人在第一次拜访岳丈时，肩头上落满了头皮屑，结果遭到了嫌弃。这种真实的场景设置，很容易带动消费者的情绪，让其联想到自己的问题。有了这个场景作铺垫，后面广告中年轻人用海飞丝洗发水去除了头皮屑的一幕才会更有吸引力。

除了痛点之外，痒点也是需要被关注的。痛点反映出的是用户的刚需，痒点反映出的是消费升级后消费者的进一步需求。例如，“爱在当下”就致力于为用户提供更优质的产品体验。在当下大健康领域，一些用户喜欢使用来自欧美的养护产品，但这些产品其实并不符合我国女性的体质。而“爱在当下”针对用户的这一“痒点”，坚持自主研发，与多家实验室达成合作，研发出了更适合我国女性体质的养护产品。

爽点是指消费者的需求能否及时被满足。例如，一个人在家里饿了，又不想出门，于是用手机点了外卖，食物30分钟后就送到了家里，这时这个人的爽点就得到了满足。

（3）系统能力

① 系统效率

小米、OPPO和vivo之间的竞争，看上去是产品战争，实际上是效率之争。小米展现了两个方面的效率：一是组织里个人的特殊效率，二是小米系统性搭建的智能效率。

当企业决定做一个产品，开始准备建设自己的系统能力时，首先考虑的应该是“从哪些方面建设自己的系统效率优势？”如果没有效率优势，系统就不会有竞争力。

② 系统迭代

罗马不是一天建成的。市场上的任何一个成熟的产品或企业，都是经过不断迭代更新的产物。

从建立内核开始，一次一次的系统升级和一个一个的功能优化，才逐渐打磨出了产品最终的模样。产品初始的模样早晚会被人们遗忘，人们只会记住产品现在的样子，因此迭代的方式和走向才是最重要的。

（4）创新模式

① 用"用户价值公式"衡量创新

创新是产品成立的基础，只有打破旧的利益平衡，建立新平衡，企业才有在市场竞争中出头的机会。创新是小企业重要的发展机会，新企业要学会寻找竞争相对较小的蓝海市场。

② 用"交叉视角"跨界创新

创新不要执着于一处，要突破联想的屏障，用"交叉视角"在新领域发现新的解决方法。

"互联网 +"就是一种跨界创新，它并不是简单意义上的互联网行业与其他行业的相加，而是互联网与其他行业的深度融合，以此建立新的发展生态。

"互联网 + 银行"催生了网络银行，它没有线下门店，不用取号排队，随时随地就能办理业务。例如，支付宝开始时只是网络担保支付平台，后来发展成了蚂蚁金服，原因就是支付宝在与银行合作的过程中，逐步将金融、保险、证券等业务与互联网进行了深度融合。

1.7 纽约第五大道为什么能成为时尚街区

清晨时的纽约第五大道，行人稀少。霍莉·格莱特利站在蒂凡尼橱窗外，盯着里面闪闪发光的珠宝，心中暗想自己何时能够将它们挂在自己的颈间。《蒂凡尼的早餐》中的这一幕，让人们永远记住了美丽优雅的奥黛丽·赫本，也同时记住了蒂凡尼和纽约第五大道。

纽约第五大道是美国曼哈顿一条重要的干道，南起华盛顿广场公园，北抵第138街。第五大道上景点众多，有纽约公共图书馆、洛克菲勒中心和中央公园等。第五大道的34街到60街，被称为“梦之街”，因为这里聚集着顶尖的奢侈品店，是高级购物街区。英国一家咨询公司的调查显示，第五大道是全球租金最昂贵的购物场所之一，它既是全球奢侈品购物一条街，又是购物血拼的天堂。

一条街道为何能拥有如此大的影响力，成为时尚的代名词？原因有以下两点。

（1）改变定位

19世纪初，第五大道所在地还只是一大片农田。不久之后，当时的铁路大王范德·比尔德在这里建起了一栋富丽堂皇的私人住宅。这个消息在美国富人中不胫而走。于是，越来越多的有钱人在此建起豪宅，在这一带拥有一幢住宅逐渐成为富人身份的象征。

到了19世纪后期，一场纽约社交圈风云推动了第五大道的变化之路。当时的纽约上流阶层和新兴贵族之间发生了激烈的阶级矛盾。当时纽约上流阶层的核心人物名媛阿斯特夫人称自己手中有一张几百人的名单，记载着美国上流社会中豪门家庭的名媛淑女，这之中没有一位新兴贵族的成员。她每一次举办舞会，都按照这张名单邀请参加者。

然而，有一次她被迫邀请了新兴贵族阶层来参加自己组织的社交舞会。这一举动引起了她侄子的不满，侄子于是发起了报复行动，在阿斯特夫人的住宅旁边盖起了一栋豪华的Waldorf酒店，而酒店的位置和设计完全将阿斯特夫人的住宅掩盖在了建筑阴影之中。

住在嘈杂的酒店旁边实在令阿斯特夫人无法接受。无奈，阿斯特夫人只好将自己的住宅也拆除，建起了Astoria酒店。最后两家酒店合并成Waldorf-Astoria酒店（华尔道夫连锁酒店），从而终结了第五大道一直以来的住宅街区定位。

（2）增加文化底蕴

18世纪末，本杰明·奥特曼在第五大道上建起了第一个商铺。19世纪初，他又在这里建起一个百货公司，自此，不断有名牌店铺在第五大道上开张，使其成为日渐繁荣高档的商业街。

1907年，第五大街协会成立，协会向房地产商、零售商和社会人士等集资将近200万美元，为第五大道提供服务。协会还雇用了5倍的安保人员保障治安。

除了商业之外，第五大道上还建有许多博物馆。位于82街和105街之间的这段街道，被命名为“博物馆一英里”，因为在这一英里的距离内汇聚了近10家博物馆和美术馆，如大都会博物馆、犹太人博物馆和古根海姆美术馆等。

博物馆和美术馆的建立，进一步丰富了第五大道的文化内涵，从此，第五大道不只是奢侈品的天堂，更是文化和品位的标志。

第2章

产品仪式感：用灵魂铸造产品

有些人认为产品设计只要满足用户需求即可，不必增加过多的包装设计。然而，按这样的思路只能设计出普通的产品，真正的爆款产品是需要在设计中加入仪式感的。

仪式感是一种将日常行为仪式化的需求。例如，有人去咖啡厅一定要坐在窗边，起床要先喝水，泡茶要用专业的茶具等。高颜值的产品都是有仪式感的，如独特的标语、特别的包装、不一样的互动方式等。仪式感可以满足用户心理和情感上的需求，让产品生成独一无二的特点。

2.1 产品广告标语：一句话穿透灵魂

产品广告标语是一个产品广告文案的核心，通常由一句话构成。好的广告标语能够加强消费者对品牌、产品、企业的印象，在较长一段时间内反复使用，可以让消费者迅速记住产品主题或特点。

很多市场上耳熟能详的广告标语，并不是多么言辞优美、长篇大论，相反大多比较简单。再加上企业投入大量的资金，坚持不懈地打广告，不停地在消费者耳边重复，于是人们就潜移默化地记住了广告标语，这些广告标语也在潜意识中影响了个人消费选择。

例如，公司楼下有家幼儿园，每天早上播放《小跳蛙》，这样定时定点不间断地播放几个月，你会发现几个月后公司里就会有人开始不自觉地唱《小跳蛙》。这就是简单且重复的魔力。

在如今这个消费品爆炸的时代，每天都有很多广告标语在不断刷新着我们的记忆。但是我们依然可以记住“今年过节不收礼，收礼只收脑白金”“怕上火，喝王老吉”“我们不生产水，我们是大自然的搬运工，农夫山泉有点甜”这些品牌的广告标语。其中除了有这些大品牌投入资金反复刷屏的功劳外，还有就是优质文案发挥的作用，一句话就让消费者记住了产品特点。

以农夫山泉为例，在市场上纯净水生产商竞争激烈的时候，农夫山泉一句“大自然的搬运工”打出了天然水的口号，迅速与市场上其他厂家区分开来，既营造了产品的独特性，也迎合了大众对喝天然弱碱性水的需要。

随后，农夫山泉一直以大自然搬运工的形象自居，用广告向消费者讲述农夫山泉开辟长白山水源的故事，使得消费者更信赖它。甚至通过在广告中对山泉水进行描述，让消费者产生一种自己在山泉边饮水的感觉，进一步佐证农夫山泉的优质水源。

正是因为这句看似朴素的标语，农夫山泉快速提升了市场占有率，之后农夫山泉一直沿用这个广告标语，重复播放加深了消费者对农夫山泉产品的认知，在提升了品牌知名度的同时，也赋予了品牌仪式感。

再如，“爱在当下”的广告标语为“美不止一面，更不止表面”，其坚持打造内外兼修的文化，不仅帮助用户提升身体健康，让身体变美，还注重用户精神、情感等方面的提升，让用户走向美丽人生。

那么，如何才能创作出优质的广告标语呢？首先我们要了解广告标语的类型，大多数广告标语分为以下三种类型。

① 平庸型

平庸型的广告标语，基本上按部就班，没有出彩的地方也没有错漏。这种广告标语通常会埋没在其他品牌的广告标语中，需要花费大量费用，不断重复传播，才能让人想起它。

例如，西门子“知其道，明其妙”，博士伦“看见更有远见”，日产·天籁汽车“非凡人，非凡品”，白马巴士“惟进步，不止步”，东芝·睿智电视“清晰于视，睿智于芯”。这一类型的广告标语常用虚词与形容词构成标语，虽简短却有些绕口，与产品的关联性不高，所以很难让人记住它。

② 优秀型

优秀型广告标语的目标感十分强，针对用户的需求打出口号，把产品的卖点清晰地展现给消费者。这种广告标语如果隔三岔五出来刷个屏，很快就能用自己的长处征服消费者。

例如，keep“自律给我自由”，美团外卖“美团外卖，送啥都快”，新浪微博“随时随地，发现新鲜事”，酷我音乐“好音质，用酷我”，小红书“全世界的好东西”，网易严选“好的生活，没那么贵”，大宝“想要皮肤好，天天用大宝”。这一类型的广告标语通常将消费场景与核心卖点组合构成标语，用一句话描述产品特点，让消费者能迅速联想到产品的功能和作用。

③ 淘气型

淘气型的广告标语，常是怪相百出，让人哭笑不得，而恰恰这种广告标语让人难以忘怀，有些甚至会被人拿出来作为谈资，发展成网络流行语。

例如，饿了么“饿了别叫妈，叫饿了么”，AcFun“认真你就输了”，柒牌男装“男人，就该对自己狠一点”。这一类型的广告标语通常是语不惊人死不休，既蕴含着一种幽默与调侃，又能结合产品特点，在让消费者喜闻乐见的同时又过目难忘。

想要创作出优质的广告标语，创新是关键，不仅思路要新，语言也要新，让消费者一见难忘，才能快速引爆产品销路。

（1）“反差与冲突”是记忆核心

广告标语是产品或品牌文案的核心，能对消费者产生最直接的影响。其作用不仅是要消费者潜移默化地接受产品，更是要让消费者帮助品牌或产品做二次传播。因此，要利用“反差和冲突”，让消费者想主动将广告标语告诉另一个人。

例如，比起一般的发型，人们对光头的记忆更加深刻；幸福美满的家庭很快就会被人忘记，而矛盾不断的家庭却常会被人提起。这种方法一是通过颠覆人们一贯的认知来吸引人们的注意力，二是利用“反差和冲突”营造话题性，让大众主动对其进行讨论。

（2）广告标语段子创作法

段子式的广告标语，更具话题性和记忆度，也更容易让大众主动传播。段子一般分为铺垫和笑点两部分。平铺直叙的叙述方式，丝毫不会让人觉得有趣，更别说主动分享给其他人了。所谓铺垫和笑点是指在故事前后要有反差，最好能超出受众的预期。

如果品牌广告标语也能使用反差极大的句子，利用这一瞬间给消费者的冲击让其记住产品，是不是就省出了反复刷屏的推广费。

例如，行为艺术家何利平的作品——“只要心中有沙，哪里都是马尔代夫”是当时话题讨论度极高的热门事件。之后途牛旅游借势赞助何利平去了马尔代夫，并在网上抛出对比图，如图2-1所示，配文“昨天马路今天马代”，瞬间刷爆了微博。途牛旅游的马尔代夫项目更是因此火了一把，成为许多人的出游选择。

图2-1 “只要心中有沙，哪里都是马尔代夫”

（3）创作广告标语的方法

美团网早期主打的卖点是“快”，那时美团的广告标语是“美团外卖，送啥都快”。假设以“快”再为美团创作一条广告标语，应该怎么写呢？

① 两种解释

我们要多换几种表述去解释产品，以达到让消费者耳目一新的目的。“快”可以解释为不需要等太久，也可以解释为神速或者飞速。这两种都是对“快”字的解释，而后者明显带有夸张意味，更容易让消费者眼前一亮。我们还可以用对比让表述更夸张，如比火箭都快、快过四川变脸等，这能让消费者更快理解“快”的程度。

② 选择预期之外的解释

段子创作的关键是营造超出受众预期的反差，因此可以为“快”设计一个铺垫，再以预期之外的故事作为它的结果。比如，设计一个“快速英雄”送外卖的形象，如孙悟空、超人、闪电侠等。那么，新的广告标语就可以是“每个闪电侠，都曾是美团外卖的骑手”或者“美团外卖，各路神仙都追不上”。

以上为大家提供一个思路，这种带有反差感和幽默感的广告标语，常会在第一时间给人以冲击，达到一见难忘的效果。

③ 达到惊人效果

惊人效果一般是指广告标语完全与人们的心理预期相反，人们因为猎奇心理会主动传播广告标语的内容。但惊人的效果也有“度”，切记不能用力过猛，如果话题过于恶俗，反而会给品牌带来负面影响，就算能迅速传播也只是臭名远扬，还不如本本分分地做宣传。

2.2 广告标语架起从产品到用户的桥梁

如果问哪个品牌的汽车最安全，大多数人都会回答“沃尔沃”。而美国公路安全保险协会公布的安全奖车型却没有沃尔沃。这看似像一个乌龙，但同时也值得我们思考：“为什么消费者会认为沃尔沃是最安全的汽车呢？”

答案很简单，是消费者在潜意识中觉得沃尔沃是最安全的汽车，而形成这个潜意识的原因来自其品牌的广告标语“关爱生命，享受生活”。

广告标语一个重要的作用就是让消费者在琳琅满目的产品中，一眼就能发现你的产品。就像沃尔沃一样，在众多品牌的汽车中凭借着一句安全的广告标语让消费者记忆深刻，形成了自己的独特性。

广告标语是一种浓缩的广告信息，通常要用最精简的文字表达出品牌的特色。这个特色是广告标语的“灵魂”，也是指引消费者找到产品的一种途径。通常包括以下4个方面。

（1）差异化

初创品牌要做的最重要的就是与市场千篇一律的其他品牌区分开来，以防自己淹没其中。尤其是当市场上已有一个巨头品牌，则更要注重差异化竞争，而广告标语是传递这种差异化特色的主要方式。

例如，巴奴毛肚火锅的“服务不是巴奴的特色，毛肚和菌汤才是”。相对于火锅王牌海底捞打出的“服务至上，顾客至上”，巴奴毛肚火锅把消费者关注的重点从服务引到食材上来，另辟蹊径，与海底捞区分开来，让消费者提到毛肚和菌汤就能想到巴奴毛肚火锅。

（2）精准定位

品牌定位是品牌从建立初期就应该想到的东西，市场中产品的同质化竞争十分严重，定位精准的广告标语就显得格外重要。比如某鱼类餐厅的广告标语是“用美味感动世界”，这个口号就不好，没有体现“鱼”这一特点，消费者无法在产品的海洋中找到它。

“美味”这类词是餐饮行业产品的概括词，什么类别的餐厅都可以用，都可以以此为目标。“美味”这一口号本身是没问题的，但它不够具体，无法引起消费者的注意。相反，肯德基的“味道好得忍不住舔手指”，这个广告标语则把“美味”这个词具体描述出来了，给了消费者想象的参考依据。

消费者购买商品这一行为，并不只是通过理性做出的判断，还掺杂着感性判断。比如消费者吃饭是尊崇“饿了要吃饭”这一理性思考，而具体选择什么餐厅就是感性判断了。现今社会物质极大丰富，人们的选择也多了，美味的餐厅遍地都是。这时企业就需要通过广告标语将品牌精准定位，限制消费者的选择。

例如，真功夫的“营养还是蒸的好”，将餐厅的烹饪方式精准定位在“蒸”上，主打营养、健康，让喜欢清淡的消费者能在第一时间想到真功夫。

（3）关键利益点

与精准定位类似，关键利益点也可以营造出与其他产品的不同之处，但精准定位突出的是产品特色，而关键利益点突出的是消费者通过产品获得的价值。

例如，喜茶的“一杯喜茶，激发一份灵感”，虽然喝喜茶不一定会获得灵感，但是消费者往往不会考虑其中的逻辑关系，只会凭借着感性认知认为喜茶就代表着灵感。

（4）引起共鸣

这类广告标语一般不注重产品本身，而是将品牌与消费者心中的某种情感联系起来，从而让品牌成为一种生活方式或态度的代表。

例如，全聚德的“全聚时刻当然在全聚德”，必胜客的“开心时刻必胜客”，汤先生的“喝汤是件幸福的事儿”。

这样的广告标语一般通过描述场景和状态，把品牌与“团聚”“分享”“幸福”这些正向词语联系在一起，从而引起消费者的共鸣，让消费者看到广告标语就能想象到画面，同时产生相应的感受。

其中最具代表性的就是可口可乐的“畅爽开怀”，因其产品含有碳酸，在开瓶时会有释放气体的声音，这个过程也很像释放压力。消费者在想到这个产品时，就想到这个画面，从而有一种释放压力的正面情绪。这句广告标语成功让可乐和快乐产生了关联，让“快乐水”的印象在消费者心中扎根。

2.3 品牌配色：以用户画像为依据

做品牌就是讲故事，而颜色是最好的辅助工具之一。对于一个初创品牌，Logo（商标）的颜色会直接在消费者心中形成第一印象。例如，星巴克的绿色咖啡杯和吉百利的紫色包装纸，这些颜色已经在消费者心中与品牌建立了联系。所以对于一个新品牌来说，品牌Logo的颜色可以帮助其快速与用户建立联系。

人的大脑拥有强大的视觉信息处理能力，比文字信息处理能力要强很多。这说明比起文字，人们更容易记住图片和颜色，尤其是一些视觉冲击力强的物品，更不容易被忘记。各大品牌根据自身的特点设计Logo的颜色。

不同类别的品牌会倾向于不同的颜色，如橙色象征着快乐、能量、社交、友好、热情、阳光，通常被认为是刺激食欲的颜色，而且因为比较明亮也会应用于警告标签、零售或行动口号上。常见的品牌有芬达、爱马仕、尼克国际儿童频道、JBL等。

绿色象征着自然、财富、鲜活、生命、和谐、环境、新生、成长，会让人感受到生机，通常被认为是象征平静的颜色，所以经常会被用来代表环保公司。常见的品牌有SUBWAY、星巴克、

7-eleven等。

蓝色象征着保守、稳重、可靠、诚信、平静、安全、酷，是最流行的企业颜色之一，会让人产生信任感，通常应用于网络公司和金融机构，另外蓝色还是男性的代表颜色。常见的品牌有宝马、惠普、英特尔等。

就像品牌名称一样，Logo颜色的内在含义也会成为品牌的内涵，并且对提高品牌辨识度有很大帮助。Labrecque（拉布雷克）和Milne（米恩）在其论文《市场营销中色彩应用差异》中，着重说明了各行各业在使用颜色时的不同。

例如，75%的信用卡公司会把蓝色应用在他们的Logo上，而只有20%的快餐品牌Logo会应用蓝色。另外红色出现在服装品牌Logo上的概率为0，出现在零售品牌Logo上的概率为60%。

消费者每天要面对上千条广告的视觉轰炸，这些Logo的颜色会在潜意识中形成视觉暗示，让消费者对品牌形成一种固有的认知，从而在消费时影响消费者的选择。

如果关注那些大企业的Logo，可以发现蓝色几乎占据了一大部分。上述提到了蓝色会让人产生信任感，Logo上应用蓝色可以向消费者传达一种“令人安心”的信息，所以金融、科技、健康这种高端行业领域特别喜欢蓝色的Logo。除此之外，红色也是企业爱用的颜色之一，它让人感觉到温暖热情，常是餐饮与零售行业的首选。

谈到Logo的配色，就要讲一讲色彩心理学，即颜色与人类反应的关系。懂得色彩心理学，才能更好地用颜色切中消费者的痛点。

对于颜色给人的感觉，至今也没有一个明确的界定。有人认为红色代表热情、温暖和吸引力，但也有人把它和流血、负伤联系在一起。黑色在某种情况下可能代表稳重和可靠，而在另一种情况下就会代表压抑和不安。因此，情境和目标人群都会对色彩的解读产生影响，一种颜色可能引起多种联想。这种联想的内容是由受众的经历、文化、性别、年龄等因素决定的。

虽然没有一种颜色能保证品牌营销绝对成功，但有些颜色肯定会让品牌错过目标用户群，因为有些颜色已经在人们的脑海中形成了思维定式，与固有的联想联系在一起了。如橙色与活力和能量相联系，消费者在看到这样的颜色时，下意识就会想到这种隐藏信息，从而做出主观判断。

另外，有些颜色注定比其他颜色更加引人注目，如荧光色等。麦当劳就是利用这种色彩特性，用亮黄色做Logo，使它们立在高速路旁的牌子像交通警示牌一样显眼，如图2-2所示。

图2-2 麦当劳的广告牌

那么初创品牌如何设计自己Logo配色呢？以电视剧为例，一些人物或背景对比度强的剧，反而会有些刺眼，不是很受欢迎，而一些注重整体色调协调感的剧，则会因画面非常有质感而大受欢迎。做品牌设计也是如此，既要让人眼前一亮，又要整体和谐易于接受。下面介绍几个品牌配色的技巧。

（1）色彩的饱和度偏低，明度接近

大红大紫虽然极富视觉冲击力，却丧失了高级感，会降低产品在消费者心目中的档次。现今各大品牌的Logo都开始追求这个趋势：选用中间色调，降低饱和度，以求达到整体和谐的效果，如图2-3所示。

图2-3 微信、百度网盘、今日头条Logo的颜色变化

（2）配色贴合品牌的气质

在选择品牌配色时，不能依据个人好恶，要更多地考虑品牌的形象和受众人群的形象。如果公司经营女性用品，可以选用温柔的粉色，如果是一家科技公司，则可以选择蓝色，代表专业可靠。相反，如果科技公司选择粉色则与公司产品的气质不符，无法准确地向消费者传递品牌文化。

例如，麦当劳和可口可乐的Logo，配色中都大面积应用了红色。红色的关键词是大胆、力量、刺激、动感等，而饥饿中的人

最需要的就是能量。这时再联想广告中的演员们大口吃着汉堡的模样，就会让人不自觉产生吃东西的欲望。

2.4 动效交互：产品仪式感的核心

产品的交互功能是产品与用户直接产生联系的部分，关乎用户对产品的体验感，是营造产品仪式感的关键。而界面交互动效是用户在触发与结束的过程中表现层级关系的动画效果，在交互时起着承上启下的作用。界面交互动效可以让用户感受到当前所处场景并且体验到更多的使用惊喜感。

交互并不能独立存在，它需要依附于某个功能或场景。而实际上交互存在于任何场景中，比如，在搜索框中键入关键词，网页输出搜索结果，这即是完成了一个交互过程。

用户对产品的体验感往往就来自交互过程，那些让用户产生新鲜感的产品，经常是创新了交互功能。这个创新并不是指完全创新，而是指针对用户的需求在现有基础上的再创新。比如，设计一个新的门把手，不需要重新发明轴承和齿轮，只需要稍稍改变门把手的形状、样式就能达到让消费者耳目一新的效果。

这样的创新设计，实际上是考虑了交互的合理性，一套颠覆性的交互设计，反而可能存在可用性上的风险，不如在用户熟悉的基础上融入新的元素更容易让用户接受。

判断交互是否合理，一般需要考虑两个元素，一是流畅，二是高效。

流畅是指产品运行是否顺畅，有些产品有很多过于花哨、酷炫的动效，而且动效停留时间过长或者经常出现，反而让用户无法专注内容，这样的交互会给用户造成困扰，影响用户整体操作的流畅性。

高效是设计交互的关键，即不在产品中设计无意义的交互，包括无意义的动画效果、无意义的操作步骤等。这些交互只会阻碍任务流程，让产品变得烦琐。

一个好的交互设计者可以设计出交互背后的逻辑性，包括信息架构、内容层次结构、流程等。与电影动效相比，产品的交互动效大多是带有逻辑目的的，与产品服务相关联，可以提升用户的体验感。一个符合逻辑目的的动效，才是有效的动效，相反它可能就是多余的。

怎样设计交互动效才能切实提升用户体验感，可以参考以下几种方法。

（1）导向

导向能阐明结构。这种动效经常扮演着导航的角色，吸引用户对于导向的注意，帮助用户明确自己在哪、页面突然发生了什么变化、是什么操作导致了这个变化等。例如，当点击页面中的一个按钮时，按钮会逐渐放大继而弹出隐藏面板，而关上隐藏面板时，它又会变成按钮，如图2-4所示。

图2-4 隐藏面板打开过程

用户在开始接触这个按钮时，并不了解即将发生的情况，但随着按钮逐渐变大的载入动效，可以帮助用户记住发生了什么，而不是让用户觉得面板突然出现或消失，毫无征兆也没有记忆依据。用户通过这个动效会产生一种掌控感，更容易记住自己在哪，以便他们知道下一次从哪打开这个面板。

（2）相同的位置，新的功能

内容和设计保持一致性，这样可以增强交互功能的易用性和可预见性，便于用户学习和操作新的规则。例如，有些时候，因为空间的限制，没有办法做到一个按钮承担一个功能，这时就需要让一个按钮承担两个代表相近内容的功能。

例如，手机上的静音开关，按一下是静音，再按则是取消静音，如图2-5所示。这两个功能都是由一个喇叭形状的按钮控制的，静音和打开声音这两个功能在操作上是互斥的，但它们在内容上都是对声音的控制，用户很容易从

图2-5 手机静音功能动效

一个推导出另一个。这种功能在切换时一般都会有一个动效（动态效果的简称）提醒，告诉用户功能已经切换，从而让用户更清楚地记住这一个按钮代表的是两个功能。

（3）放大缩小

这种动效在视觉上与第一种导向类似，但导向一般应用于初始阶段。例如，用户在界面中选择某一款应用打开，通过动效明确自己在哪。而放大缩小常应用于列表条目中，用户在列表中选择某一个条目，然后该条目就变成了具体内容，取代了之前的列表，并且能够返回之前的列表。例如，图像库、卡片常会使用这种动效，如图2-6所示。

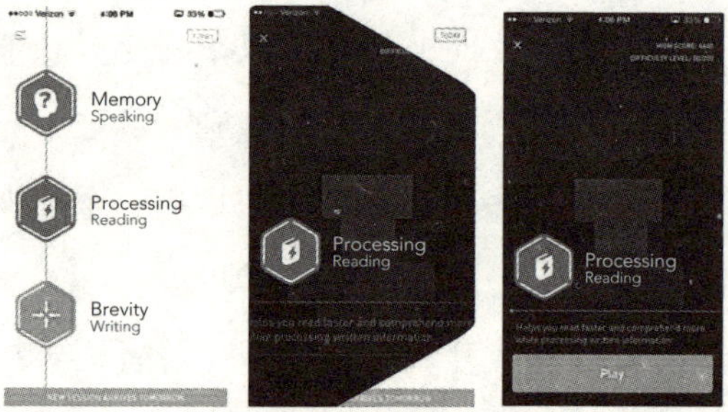

图2-6　条目打开过程

当用户选择了一个条目，就会出现一个新的页面，这时要注意新的页面要包含条目的构成元素。例如，页面的颜色可以沿用条目的主色调，或缩小成为新页面的标题。另外需要在新页面设计一个明显的返回按钮，最常见的有“取消”“返回”或“×”等。

（4）视觉提示

视觉提示是一种辅助用户了解操作方法的动效。例如，我们在第一次打开一个产品的页面时，突然快速弹出一个一次性动效，演示产品的操作方法。这种动效适用于产品中有隐藏功能或者非常规操作方法的情况，便于用户快速了解产品有别于其他产品的特别之处，从而降低用户的不适应感。

（5）突出

突出动效的作用是最大限度地吸引用户的注意力，特别是在一些嘈杂的场景中，即所有内容都在试图吸引用户的注意力。当界面中的其他内容不能去掉时，就要想办法突出当前功能的吸引力，从而让用户记住它。例如，新闻网站的收藏功能，当用户点击收藏网页时，就会有一个小星星自下而上划过，很抢眼，让其他静止的文本和图片都无法与之比拟。

另外，在购物网站中，与琳琅满目的商品相比，添加购物车的图标实在不是很显眼，所以一般也会有一个足够抢眼的动效设计，来让用户记住该功能，如图2-7所示。

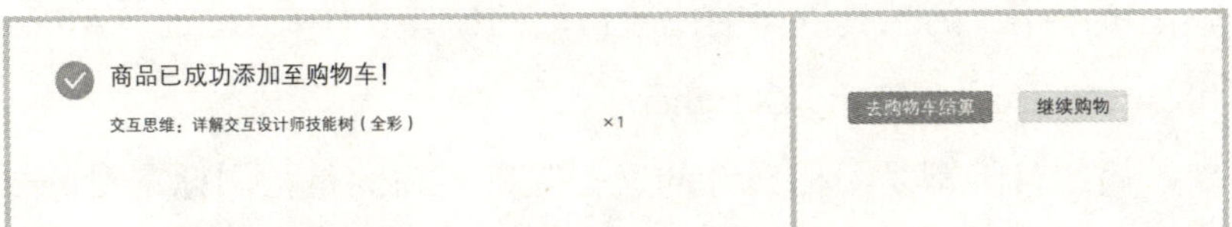

图2-7　当当网添加购物车时的网页提示

2.5 图标设计：产品规范化要素

图标是一个产品的门面，它体现着产品的规范化，关乎用户对产品的第一印象。通常，用户第一次审视产品的图标是在软件商城里，与界面中功能性的图标相比，代表产品整体的图标显然要承担更多责任。它不仅要体现产品的特色，还要足够夺人眼球、易于识别，以求在众多产品中脱颖而出。

在设计一个产品图标时，第一步不是选择图形和色彩，而是要了解产品的“气质”，包括公司文化、团队理念、产品功能等。这些东西有利于设计者确定产品给人的感觉及产品定位，这是设计的基础工作。做足够深入的背景调研，避免“闭着眼睛”画图，才能让图标真正贴合产品，给用户留下深刻印象。

虽然在设计图标时创意是必须的，但并不意味着设计者可以天马行空。图标的设计应该遵循设计规范，让图标与其他图标保持足够的协调性，在合理范围内让图标更加“出彩”，而不是“突兀”。比如，Android和iOS系统对图标的设计都有非常清晰的要求，包括尺寸大小、样式和使用场景等。

一般图标都会采用PNG格式，所以设计者在设计时要选择能输出PNG格式的工具。当前比较常用的设计软件有Sketch、Adobe Illustrator CC、Affinity Designer。

简约且丰富是图标设计的又一关键，简约是指图标本身的样式不宜太过花哨复杂，而丰富是指图标必须包含产品的关键元素。图标被设计出来后，可能会应用于不同的场合，会产生大小的变化，有些信息会随着大小的变化而增减，尤其是在被缩小使用时，很多文字信息会被忽略，所以将过多的文本融入图标中是没必要的，反而会导致混乱。

简约不仅指样式上，还体现在功能和体验上。大量的隐喻信息包含在一个图标中，会让用户产生混乱，抓住最主要的概念用清晰的形式呈现，这种直截了当的设计才是用户最喜闻乐见的。

每个品牌都应该有自己专属的设计风格，从配色到细节样式应该有着明确的定位，这样才能准确地让图标为产品发声。例如，当提到电子邮件时，许多人脑海中都会出现一个小信封图案。在应用商店里搜索时会发现，大多数电子邮箱类型的产品都会使用信封样式的图标。

这种情况是用大众熟悉的形象来设计图标，易于用户理解，能马上明确产品的功能。但这种设计方式会带来激烈的竞争，不管是白色、蓝色还是绿色的信封对用户来说都没有太大区别，尽管图标准确定位了产品功能，却失去了品牌特色，所以在设计图标时一定要处理好原创性与功能性的关系。

提升产品图标原创性的好方法之一就是调研竞争对手的图标，了解竞争对手产品的功能、图标设计的构思，以此来排除已有的设计，降低做出与竞争对手相似设计的风险。

有些企业喜欢另辟蹊径模仿竞争对手的设计思路，利用相似的元素让用户对新产品产生信任感。这种方法要把握好尺度，如果太过相似，很容易被认为是山寨或抄袭，不仅缺乏独特性，反而更容易让用户产生不信任感。

如何设计出一套既和谐又夺人眼球的图标呢？设计在大标准上要符合可识别性、视觉统一、差异性三个原则，它们在图标设计时具有指导性作用。

（1）可识别性

iOS的设计原则被概括为大、黑、简。在视觉设计中，最受欢迎的颜色是黑色，其次是白色，所以黑白图标使用广泛。多利用黑白两色还能增强页面中信息的可理解性，因为过多的颜色会干扰用户的理解力，也会增加其寻找图标的时间。

因此，为了提高用户对图标的可识别性，在设计时一定要遵循用户的习惯选择颜色，切忌将图标设计得过于个性，不利于用户理解。

例如，Instagram就是采用这种黑白搭配的设计方式，图标风格比较简约，易于理解，且用黑色作为基调，有一定可识别性，基本不需要再配文字进行解释，如图2-8所示。

图2-8　Instagram图标设计

当然，图标设计还要配合产品风格，如果是比较个性的产品图标，颜色肯定要突出。比如某些图标会与实物保持相近的颜色，以降低用户在理解上的难度。

在设计完成后，设计者要做一个

无背景测试和一个有背景测试，即看图标单独存在时是否具有可识别性以及在许多图标中间时是否依然具有可识别性。

（2）视觉统一

不同的图标有各自的特征，不起眼的变化也会破坏整套图标的和谐性，包括明亮度、形状、线条粗细等。所以设计者在设计图标时要保证整体风格统一以及大小形状相似。

整体风格统一是指一套图标的画风和图案都是相似的，只有细节上不同。大小形状相似是指一定要控制好图标的大小，切记一个大一个小，这是保持整体和谐性的关键。如果图标大小不一，界面会很混乱，偏大的图标会抢走偏小图标的关注度，也会给用户寻找图标增加困难。

（3）差异性

设计一套图标时，要尽量保证不同图标之间的差异性，因为在应用时不同的图标会代表不同的功能，如果没有明确的差异性，就会增加用户探索图标功能的时间。

这个过程很烦琐，需要用户经历打开、探索、返回的过程，中间可能会因为图标太过相似而点错，有损用户体验，让用户感觉产品功能很烦琐。有时设计者为了追求视觉风格上的统一，容易忽略了这一点。

设计者需要对设计好的图标进行自检，可以找一个第三人，给他不同的名词提示，让他从图标中挑选对应项，以此来判断图标之间是否具有明显的差异性。

当设计进入尾声，就要进行实际测试，这是一个不能绕过的环节。首先，要检查图标尺寸是否统一，线条是否清晰，是否拥有高识别度和差异性。其次，变换不同的场景，最好导入到用户使用产品的真实场景中，检查图标在不同场景下是否有足够的对比度。最后，通过放大和缩小，了解图标在不同分辨率下的样子。

2.6 情感化设计：贯穿整个产品

消费者购买产品，大多时候是由感性思维决定的。研究表明，人脑的理性思考区域和感性思考区域是不会同时工作的，也就说人在被情绪支配时是不会进行理性思考的。所以把情感融入产品设计中，充分调动起人们的情感共鸣，是打造“爆款”产品的又一个方向。

消费行为学认为情绪对消费者的决策能产生关键影响。消费者的购买过程一般分为需求识别、搜集信息、评价备选、选择和购后评价五部分。

进行需求识别时消费者一般最先关注的是自己的情感需要。搜集的信息包括品牌的知名度和产品的优劣、性价比等。在评价备选项的过程中，消费者一般会凭借着自己的主观想法去评价收集到的信息。在选择时，消费者也难免会受主观因素的影响。而购后评价一般也是评价商品是否符合自己的主观期待。

很显然，整个购买过程都贯穿着消费者对于情感的需要。例如，买化妆品时，很少有人一项一项地去比对成分表，而是通过产品的描述和自己的使用感受，得出一个“适合”或“不适合”的概括性评价。

正面的情感会使消费者在选择产品时更加积极，迫切地想要了解更多的产品信息，从而对品牌产生依赖感，进而影响下一次的决策。负面的情感则相反，它会增强消费者在购买过程中的理性判断，并在情绪上更易做出悲观、消极的选择，降低其对品牌整体的评价。

因此，在设计产品时要更多关注消费者的情感需要，这一点要贯穿于产品营销的整个过程。适当对消费者的情感做引导，营造积极的情绪感受，更能提升品牌的竞争力。

情感化设计是提升用户体验感的关键，每个用户都希望在使用产品时得到情感上的互动，所以把握好情感化设计更能抓住用户的心。在当今这个产品数不胜数的时代，人们对于产品的需求不再只有实用性这一个单一标准，还希望在操作中体会到情感上的互动。情感化设计能缓解用户的负面情绪，帮助其快速熟悉产品的功能。

情感化设计指的是用特定的设计吸引用户的注意力，并与消费者的情绪反应建立联系，进而诱发这种情绪反应带来的共鸣。用户的这种情感上的波动，会降低其理性思考的概率，让消费者觉得产品的某些功能特别打动自己，最终促成产品购买行为。这也是有些人容易冲动购买一些产品的原因。

唐纳·A·诺曼的《设计心理学3：情感设计》中提到人的本性分为本能的、行为的和反思的三个层次。根据这个观点，可以将情感设计分为本能水平的设计、行为水平的设计和反思水平的设计三部分。

（1）本能水平的设计

本能水平的设计是指根据人的本能去设计产品，主要支配因素有视觉、听觉、触觉等。比如一个人选择一个自己第一眼看到的物品，一般都是出于本能选择符合自己视觉审美的。

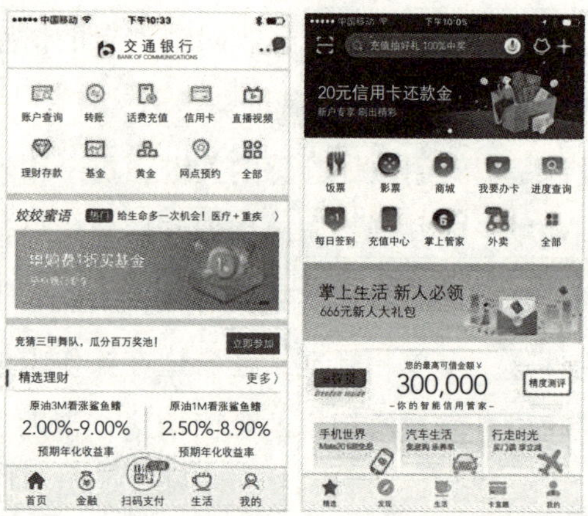

交通银行　　　　掌上生活

图2-9　交通银行和掌上生活App的界面

以交通银行和掌上生活App的界面为例，如图2-9所示，在一项100人的咨询测试中，如果只看界面的外观，有82%的人会选择留下掌上生活，有18%的人会选择留下交通银行。也就是说掌上生活的界面更符合大多数人的审美，即符合人类视觉上的本能。

本能水平的设计，一般在视觉上的应用比较多，让消费者看到产品的“长相”就有购买的冲动，所以产品本能水平上的设计是产品对用户的敲门砖。

（2）行为水平的设计

行为水平的设计是指设计产品的效用即产品的功能。这种设计一般都是针对消费者的实际操作，如果产品操作简单、实用性强，且为使用者考虑，那么它就能得到消费者后续的关注。

如果说本能水平的设计是敲门砖，那么行为水平的设计就是决定消费者是否愿意与产品继续交往的关键。如果体验感极差，那么再好看的包装设计也只是空壳子，消费者也不会反复交“智商税”。

以美团单车和7号电单车为例，7号电单车在开车后界面中有两个选项，分别是临时锁车和结束用车，而美团单车却没有。在功能上，美团单车没有考虑到用户可能需要多地短暂停留的情况，如果不锁车可能会被别人骑走，但是锁了车也会被别人骑走，无法短时间内为用户保留，所以考虑到这种情况的7号电单车显然会给用户更优质的体验感。

另外，新产品面世和旧产品更新都会造成用户在短时间内不适应产品，对此，需要设计文字说明帮助用户了解新功能，如图2-10所示。

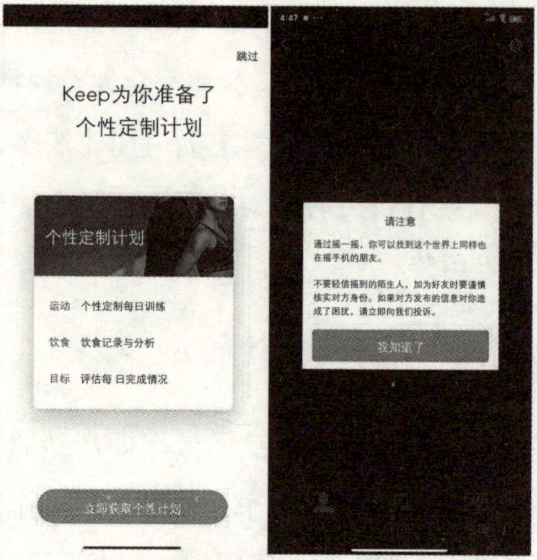

图2-10　Keep和微信对产品新功能的文字说明

Keep选择文字说明加按钮指向的方式说明新功能，而微信则只是用文字弹窗来说明新功能，对于一些操作不熟练的用户来说，显然keep这种带有指向的说明方式会更受欢迎。另外，文字说明一定要运用通俗易懂的图文，不要掺杂过多的修饰，明确告诉用户发生的变化，节省用户的时间，也是情感化设计的重要环节。

（3）反思水平的设计

用户在使用产品后，一般会对产品进行再评价，基本就是评价产品是否真正符合自己的需要，这一次的评价理性思考会占上风，还会受用户的文化、教育、个人经历等背景的影响。因为每个人的认知和思维方式都是不同的，所以每个产品的评价都是褒贬不一的。

提到社交平台的点赞功能，大家都会想到一个大拇指的图案，这就意味着用户不会因为一个点赞功能而记住产品，于是就出现了一些反常规的设计思路，如图2-11所示。

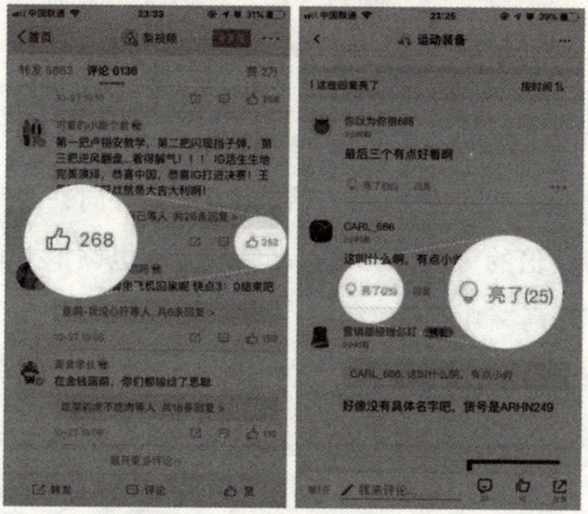

微博　　　　虎扑

图2-11　微博和虎扑的点赞图标

相比于千篇一律的大拇指，虎扑的灯泡图标配上文字“亮了”，显然会给用户留下更深刻的印象，增加用户的点击欲望。也许有人觉得这样的设计增加了用户的学习成本，会让用户觉得更烦琐，但实际上这样的设计只是改变了造型，其功能和操作方式并没有变。因此，只要设计符合用户的使用习惯，就不会增加他们的学习成本。

高颜值产品不仅是功能的集合，可以满足人们的使用需要，还是文化与情感集合，用以满足人们情感需求。所以，设计一款产品，要经常思考该产品在同类产品中的特点以及它能否给目标用户情感上的满足。

2.7 案例：不是所有牛奶都叫特仑苏

随着中国国民的消费升级，一杯牛奶也可以大做文章。消费者的消费理念逐渐从价格导向过渡到了价值导向，因对健康、品质、环保等价值的重视，对牛奶的品质要求也逐步提升，进而催生了特仑苏等高端乳业品牌。

在消费升级的大环境下，消费者产生了对与生活相关联的产品的细化要求，即在原有产品上要求更高的品质。高品质产品自然要匹配高端品牌，这需要企业不仅要创新产品还要创新理念。

以牛奶为例，牛奶起初并不是中国人的传统饮品，随着西方营养科学理论的传入，牛奶才开始走入人们的视野，成了一种高端营养品。随着国民经济的进一步发展，牛奶逐渐成为国人的日常饮品。

随着人均收入水平的提高以及人民大众对个人营养需要的进一步认识，消费者逐渐抛弃了牛奶等于高营养饮品这一认识，开始关注牛奶的实际品质及具体的营养含量。这一需求打开了国内高端牛奶的市场。

那时的伊利占据着乳制品市场的绝大部分份额，但产品主要集中在低端层面，蒙牛只能在新的方向上寻求突破，即占领高端市场。打造高端产品自然不能只从价格上作区分，蒙牛将品牌再定义，从产品和理念两方面打造真正的高端产品，推出了“特仑苏”。

特仑苏与普通牛奶相比在品质上有飞跃的提升，它有专属牧场、优质奶牛和高标准的原料甄选和生产工艺，以及高比例的优质乳蛋白和更高的营养水平。这样的定位一下便打动了那些有着高营养需求的消费者的心，特仑苏也因此成了高营养和高品质牛奶的代名词。

特仑苏成功的很大原因来自它的选名。特仑苏一词在蒙语中意为“金牌牛奶”。将牛奶用蒙语命名，是蒙牛的又一个“小心机”。特仑苏主打产地正宗、奶源优质，如何让消费者信服是一大难点。于是蒙牛用不同于汉语语法习惯的命名方式将特仑苏打造成了“进口商品”，既满足了消费者看名选品的消费习惯，又给消费者以特仑苏真的来自内蒙古大草原的感觉。

蒙牛在特仑苏以前的明星产品是“酸酸乳”，主要面向青少年市场，包装设计也采用五颜六色的风格来吸引年轻消费者的注意。但酸酸乳面向的是低端市场，花哨的包装可以在其他同类商品中突出自己。但主打高端市场的特仑苏就不能沿用这种设计思路，因为其包装要满足高端人群的审美倾向，让其能作为礼品赠送。

所以，特仑苏以奶白色为主调，辅以华贵的金色、象征天然的蓝色，整体设计简洁大方，具有“高级感”。同时，整箱起售的思路也赋予了消费者更高端的购买体验。特仑苏的高端并不只是体现在工艺品质上，也体现在营销策略上。

（1）制造科技感

一些品牌做产品营销时喜欢在广告中融入一些科技名词，营造产品在消费者心中的高端形象。特仑苏同样也应用了“OMP造骨牛奶蛋白”这一概念，利用人们对未知技术的敬畏感，提升品牌形象。同时融入科技概念，让消费者对产品的制作工艺更加认可，从而对品牌产生依赖感。

（2）突出特点的广告标语

好的品牌广告标语，可以让消费者一见难忘，帮助产品成为经典。一句“不是所有牛奶都叫特仑苏”定位明确，突出了产品高品质的特点，便于记忆。且经过十几年的反复灌输，特仑苏与高品质已经深深扎根在了消费者的脑海中。

（3）精准的明星代言和公关赞助

2019年初，特仑苏同时邀请陈道明、靳东、张钧甯、邓伦四位明星为特仑苏代言，拓展了产品的受众，让不同年龄、不同生活圈层的消费群体都能产生共鸣。

在代言人的基础上，特仑苏根据品牌理念，冠名契合的综艺节目。分别冠名了《声入人心》第一季、第二季以及《向往的生活》第三季、第四季、第五季。这些节目都是以专业、品质为主基调，特别是《向往的生活》更是主打对质朴、天然生活的追求。

在《向往的生活》节目中特仑苏启用新包装梦幻盖，不断将新产品与生活场景相融合，抢占消费者的心智。另外，牛奶与食物的搭配，传递着个性化的表达方式。特仑苏用这种方式，将产品与美好生活相结合，更打动消费者的内心。

（4）价格策略

营造高端产品的形象，自然少不了价格策略，“便宜没好货”是根植于消费者心中的固有认知。特仑苏推出之前，蒙牛的明星产品“酸酸乳”等产品的售价为250mL规格2元左右。虽然借助冠名“超级女声”等知名综艺，也有不错的销量，但其在消费者心中的定位也只是低端产品，与品质沾不上边。

于是，特仑苏上市的零售价就为每箱32元，并且随着工艺的不断改进，目前特仑苏推出的限定沙漠绿洲奶售价为每箱99元，且只整箱销售不分开零售，更凸显了其高端牛奶的定位。通过价格策略，特仑苏最终塑造起了高端牛奶的品牌形象，并实现了品牌的发展目标。

（5）品牌维护

特仑苏的成功，改变了中国乳业的品牌格局，其之所以能经久不衰16年，更多的是因为16年间蒙牛对于特仑苏这一品牌的维护和创新，以及对初心的坚持。

2018年，特仑苏推出梦幻盖，颠覆了传统的吸管饮用方式，打破了传统牛奶开启后不易携带的局限，减少了浪费，为消费者创造了更加多元化的饮用体验。

2019年，特仑苏进一步升级产品，将原有产品线细化为纯牛奶、嗨MILK0脂肪牛奶、M-PLUS高蛋白牛奶等产品，进一步迎合国人对品质、减脂、运动等的多元化营养需求。自此，牛奶从饮品升级为了一种“简单”“自由”的生活方式，为特仑苏的高品质定位增加了新内涵。

第3章

产品轻奢化：用态度颜值打造高价产品

轻奢已经成为中国年轻一代的消费新趋势，从之前的追求价格低廉转变为追求产品精致化、品质化。轻奢产品的品质位于中上等，既不似普通产品主打薄利多销，又不是传统意义上的奢侈品，普通消费者也能承受其价格。

轻奢化产品与其说是在价格上有别于普通产品，不如说是在态度上有所区分。高品质、不将就是中国年轻一代消费者的消费态度，所以产品对应也要有高质量、高水准的生产态度。高颜值不是更花哨、更繁复，而是高格调、高档次，企业应以“质”为分界线区分轻奢产品和普通产品。

3.1 表面价格虽贵，却物超所值

轻奢代表一种“没负担、有品质”的生活方式。喜欢轻奢的大多是25～35岁的年轻人，他们有一定的经济实力，向往品质、健康及细节，追求服务，注重体验感。他们愿意多付出一些金钱，来获得高品质的享受和精神上的满足。

数据显示，中国的轻奢市场规模已接近2000亿元，且不断增长的年轻消费群体，还在使这一市场的成长空间进一步扩大，今后一段时期都会持续轻奢的消费浪潮。

餐饮、家居、日用品、珠宝等行业都相继推出了轻奢的概念，轻奢产品更符合80后、90后群体“绝不将就”的消费理念，价格也比较容易接受。有报道称，在服装领域蔻驰、迈克·科尔斯等轻奢品牌近几年在国内的销量都呈现爆炸式增长。

服装行业的轻奢产品主要定位在顶尖设计师原创和高品质面料两方面，虽然没有融入太多流行元素，但会极尽可能讲究品质。消费者在生活中的一些场合，有时需要一些“体面”的衣服，相对于奢侈品高不可攀的价格，轻奢产品显然是更好的选择。

消费者在购买轻奢产品时，不仅因为轻奢产品的质量优于普通品，还因为其品牌形象能给消费者带来价值感。如果消费者进一步发现品牌的格调适合自己，则会对品牌产生归属感。

经济学家凯恩斯提出棘轮效应，主张人的消费习惯形成后具有不可逆性，也就是说，当人们体验到更优质的产品时，很难再接受劣质产品，这也是轻奢市场会持续扩大的原因。另外，人均收入水平的提高，也让广大消费者购买轻奢产品时更有底气。

购买轻奢产品本质上并不是一种“为奢而奢”的奢侈消费行为，而是消费者对生活品质的更高追求。所以轻奢产品不仅包含商品本身的价值，还包含产品的服务理念和品牌附加价值。所以轻奢产品看似表面价格高，却更加物超所值。

轻奢产品与普通品相比在品质、服务、体验感上都存在差异，虽是同类产品，但给用户的使用感完全不同。所以，单看轻奢产品虽然价格高，但若是考虑到轻奢产品的品质、服务、体验，与同样质量的奢侈品对标，其实轻奢产品的价格并不高。因此，打造轻奢品牌实际上就是要在定位、价格、服务等各方面比普通品牌“加一点”。

首先，轻奢品牌在定位上应属于“比上不足比下有余”的类型，即比普通品高档，又比奢侈品大众。很多企业都在追逐轻奢的定位，高唱企业产品转型的口号，却并不明白企业产品的中高端线该如何做，甚至有些企业只是将原有的产品价格提高“冒充”所谓的轻奢产品。

高端定位是指将品牌定位在“高利益价值区间”的定位策略，而不是单纯地定位在高端人群。高端产品更不是只更换包装修改产品价格那么简单。例如，苹果手机和小米手机，在功能上相差无几，而价格却相差了近一倍。可这依然没有降低苹果手机的销量，反而还有一大批忠实拥护者。

这是因为苹果自诞生以来，主打的就是高端，无论是广告设计还是营销模式都保持着顶尖的风格，在消费者心目中树立了高端形象。

轻奢产品不一定价格高，价格高也不一定就是轻奢产品。比如，有些产品没控制好生产成本导致价格偏高，实际上却无法为消费者带来轻奢产品的体验，所以它只是一个制作失败的低端产品而已。

轻奢产品一般都定位在企业产品的中高端线，这个所谓的“高端”，不是价格的“高”，而是为消费者提供的价值“高”。一些企业通过技术创新，将新技术融入产品中，再造了一个区别于原产品的高端线，使消费者获得了更高的价值，这才是真正的轻奢产品。

所以轻奢产品定位可以理解为最佳品质、合适价格和有效传播方式三者的组合。在轻奢产品面世之初，企业需要确定好其最终定位，并且始终保持这个路线不动摇。

其次，定价方式是市场营销中的关键部分，它能影响交易的成败，却又很难准确把握。所以轻奢产品的定价也很重要。轻奢的理念是让普通消费者花“高一点”的价格，获得更优质的体验。因此这个定价一定要恰到好处，既让产品不是太廉价，又能让普通消费者消费得起。下面介绍几种常见的定价方法。

① BOM定价

BOM意为物料清单。BOM定价是一种基于产品成本制定销售价格的方法。计算方法为：产品价格 = 产品成本 ×（1 + 毛利考核），产品成本和毛利考核指标相对稳定的产品会采用BOM定价法。但轻奢产品的定价显然不适合只用产品的成本来定价，因为其附加的服务费、人工费、推广费才是轻奢产品价值的真正来源，所以在计算销售价格时也要把这些费用计算在内。

② 九宫格定价

九宫格定价是根据产品的价格和品质两个维度进行定价，如图3-1所示。

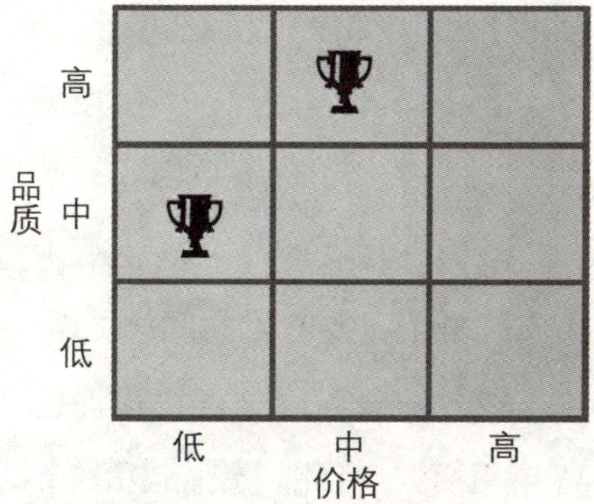

图3-1 九宫格定价

这种定价法一般将中品质对应低价格、高品质对应中价格。因为轻奢产品与普通产品存在品质上的区分，所以轻奢产品品质都在高品质或中品质。

③ 基于竞品的定价

一款产品的竞争力是根据它是否比竞争对手的产品“好一点”来决定的。在其他因素相同的情况下，价格就成为产品之间比较的重点。轻奢产品虽然主打高品质、高价格，但可以适当比竞争对手的产品价格优惠一点，这可以帮助产品在竞争激烈的市场中快速打开销路。

④ 基于用户定价

随着买方市场的到来，用户逐渐有了决定产品价格的权力。因此，企业在定价时还可以根据用户对价格的承受区间来确定售价。

价格敏感度测试是一个明确目标用户期望价格的方法，通过衡量用户对不同价格的满意程度，了解用户认为合适的价格，最后通过绘制趋势图呈现出来，如图3-2所示。

轻奢产品虽然是价格较高的产品，但不同的产品有其专属的目标客户，如果定价超出了其购买能力或者远远低于其购买能力，都是不合理的。一般轻奢产品的定价要既让消费者“心疼”，又要让消费者买得起。

最后，轻奢产品大多主打上乘的用户体验感，所以提升服务品质也是企业要考虑的问题。

轻奢的服务理念，比普通优质一点，营造目标客户心目中的高端服务。因此，产品加服务，是打造轻奢产品必不可少的一步。

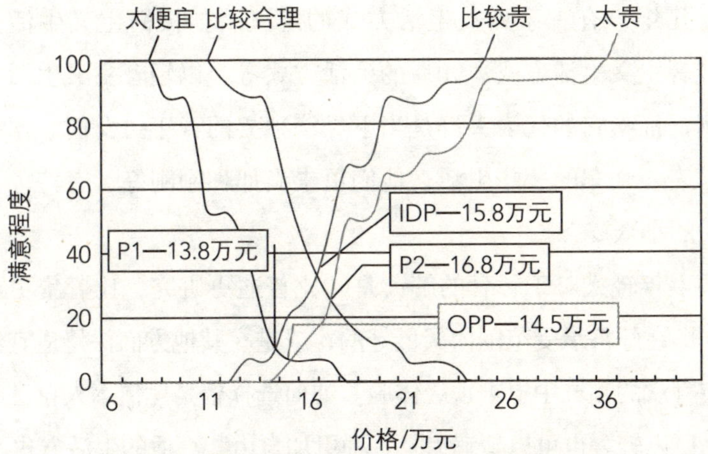

（OPP—最优价格；IDP—妥协价格；P1—最低品质保证价格；P2—最高价格）

在上述测试条件下，最优化的价格是14.5万元。

图3-2 价格敏感度测试图

3.2 比普通更讲究，比奢华更自由

与普通品相比，轻奢品在功能上并没有太大变化，更多的是增加了品质和设计感，用这些向消费者灌输品牌理念，以达到与消费者价值观上的契合，促使其买单。因此，轻奢品出售的更多的是一种生活方式。

“倡导新的生活方式”是很多企业在宣传品牌理念时都会提到的，实际上“生活方式”这个概念很抽象，如果只讲它，可能让消费者不知所云，更会模糊品牌定位。所以企业要用具体的产品将自己倡导的生活方式形象地表达出来。

近几年，有一系列对生活方式的定义，如极简主义生活方式、轻奢主义生活方式、90后的生活方式等。以轻奢主义生活方式为例，推崇它的代表人群是当下经济独立的青年男女们。比起拥有名表、豪车的奢华生活，他们更崇尚那种刚刚好、有特色又有品质的小众姿态。

很多年轻人对于轻奢的解读是“比普通更讲究，比奢华更自由”，即在经济承受范围内买最好的，或是在其他方面保持适宜消费，在喜欢的领域中追求顶级体验。如何选择皆是凭借本人自己的意愿，所以轻奢也可以理解为是一种更加自由、舒适的生活方式。

近几年生活方式营销成为各大品牌宣传的又一个手段，品牌希望自己的产品能代表消费者的某种生活方式，与消费者的生活建立不可分割的联系。例如，诚品书店的酒店、可口可乐的餐厅、无印良品的杂货铺，这些企业都在摸索全品类服务，为的就是成为消费者生活方式的一部分。其主打的商业模式也从以前可口可乐、宝洁的“为所有人提供一部分服务”变成无印良品、小米的“为一部分人提供所有的生活”。这种将品牌渗透到消费者的衣食住行中的方式就是生活方式营销。

以无印良品（MUJI）为例，2018年上半年MUJI开了一家全球最大的菜市场，然后下半年又在深圳开了一家全球最大的酒店。无论MUJI是做服装、酒店还是菜市场，它始终保持着自己的“低欲望”风格，用这种品牌形象向消费者宣扬一种简洁、环保、纯朴的生活方式，进而让MUJI成为这种生活方式的“代言人”。

生活方式营销拥有如此纯粹、专注、持续的品牌渗透力，是因为它关注的是生活本身，让产品成为消费者的习惯，是一种对消费者潜移默化的影响。将自己的品牌塑造成一种生活方式，只靠“喊口号”是远远不够的，关键在于产品要真正体现这种生活方式的特点。

（1）为品牌贴一个鲜明的标签

前文提到的“轻奢主义”“极简主义”都是为品牌贴标签，产品有了一个鲜明的标志，消费者会更容易理解品牌宣传的价值观。

10个品牌有9个都在宣传自己的产品将为消费者带来全新的生活方式，但这样未免没有什么说服力。如果想给消费者留下深刻印象，就要清楚地告诉消费者企业销售的产品是什么，特点是什么，能改变消费者生活的哪些方面。

（2）坚持品牌的理念

消费者的兴趣是很善变的，所以建立品牌不能只顾迎合消费者的喜好。如果企业也和消费者一样善变，今天这个产品主打一种生活方式，明天那个产品主打另一种生活方式，那么产品是很难在消费者心中留下深刻印象的。

MUJI就是自始至终坚持自己的品牌理念，经年累月地宣传“简单”“纯朴”的生活方式，引领了一种“这样刚好”的生活态度，才给许多人留下了深刻印象。

社会是在不断变化发展的，企业不可能每一次都准确把握消费者的喜好，已有的规律会很快被推翻，因此没有任何一种营销方式是适合所有发展时期的。坚持品牌理念，以不变应万变未必不是一种好策略。

生活方式营销来自消费者消费理念的变化，以前的消费者只关注产品功能，现在的消费者还会关注品牌理念。消费者认同一个品牌的理念，向往其宣传的生活状态，就会更倾向于这个品牌的产品。

例如，一个向往“极客”和“发烧”精神的人，会倾向于小米；一个向往“简单”和“品质”的人会选择MUJI。也许有的品牌产品实用性并不强，消费者只是喜欢它的设计和品牌理念就会买单。

社会学中的“认知偏差”认为，人在做出选择时会受当时情境的影响，进而导致判断出现偏差。所以说消费者在想什么，他们很可能自己也不知道，其消费决策是由于当时的情境引导的。

生活方式营销本质是对消费者的一种引导，当消费者不知道如何选择时，品牌通过向消费者传递一种生活方式和理念引导其选择自己的产品。这种引导是潜移默化，当消费者形成习惯，适应了这种生活方式，产品就成为消费者生活中不可分割的一部分了。

3.3 情怀加身，产品IP化

品牌是企业的无形资产，它能向消费者传达一种理念，虽然它不具有实体，却是竞争时的关键所在。消费者的体验感来自自身的情感需求，轻奢产品比普通产品能满足消费者更多的情感需求，因此，打造轻奢品要注重将品牌内涵与消费者的情感需求联系在一起。

品牌内涵依托于品牌文化，即品牌中凝练的价值和情感，包括价值观、生活追求、个性、时尚感等。这些因素能带给消费者精神上的满足，作为将来消费决策的依据。

在品牌内涵的影响下，越来越多的用户会受到鼓舞，对品牌产生更深刻的认知和更强烈的好感。此时企业可以乘胜追击，积极打造优质体验，扩大品牌的传播范围，让品牌内涵触及更多的用户。例如，企业可以创办线下体验店，为用户提供在线下近距离使用产品的机会，让品牌和产品能够更好地深入人心。

仅靠反映一种情感并不能让消费者认同品牌，企业要为品牌内涵增加更多的情感共鸣，形成一种情怀，即产品IP化。产品IP化是通过品牌内涵来强化品牌力，为产品增加更多的附加价值。这是一个在商业竞争中构建竞争壁垒的有效手段，一个产品IP的崛起会带动产品在其他领域的发展，进而形成一个产品体系。

打造产品IP，需要突出核心内容，即针对目标客户群进行定位，赋予产品独特的内涵。这能使IP化内容符合目标客户群的价值观，从而提升对产品的忠诚度。而且这样做有利于产品的进一步传播，增加消费者主动传播产品的概率，从而塑造产品的口碑，形成知名度。

IP化的产品提供给消费者的不只是功能属性，还是一种情感寄托。例如，轻奢品想为消费者营造出来的“高级”使用感。而产品自身所体现出的情感和文化因素有利于其他资源要素的优化组合，从而增强产品竞争力。因此，产品IP的作用具体有三点，即凝聚作用、导向作用和推动作用。

① 凝聚作用

产品IP代表的功能属性、利益价值、价值观和审美会对消费者产生吸引作用，聚集起来的消费者会成为产品的粉丝，拥有极高的忠诚度和黏性。

② 导向作用

产品IP倡导的价值观、审美倾向、消费理念会对消费者产生引导作用，从而把消费者的想法引导到与品牌一致的轨道上来，让其追随产品。

③ 推动作用

产品IP可以推动企业品牌长期发展，使其在市场竞争中获得长久的竞争力。一个产品IP能衍生出一系列相关产品，这些可以使企业品牌保持活力和新鲜感，从而避免“江郎才尽”的危机。

如何将产品IP化，简单来讲就是要求“新”，把消费者的想法由为产品功能买单转变到为情怀买单上，从而让消费者形成对品牌的依赖感，进而购买品牌中的其他产品。轻奢品牌的IP附加值更高，所以必须时刻向消费者灌输品牌的理念和文化，具体体现在营销、细节和宣传渠道上。

① 新的营销方法

营销除了要跟上时代的步伐，最重要的就是无法复制的创意。现今，随着国内年轻群体的购买力提高，80后、90后、00后都更加注重产品的体验感。各行各业的企业也都将产品IP瞄准了这一部分人群，用年轻化的语言诠释品牌的内涵。这些产品主打“匠心化”“精细化”，更加注重与消费者的情感沟通。

比如，蒙牛真果粒蓝莓口味一句“将‘蓝朋友’带回家”的广告语，成功将“蓝朋友”塑造成蒙牛真果粒系列的产品IP。自上市伊始，蒙牛真果粒蓝莓口味销量就仅次于草莓口味，比预估的销售额高了三倍，甚至成了零售商“私自加价”的爆品。

“蓝朋友”是一句新时代的网络用语，产生于“男朋友”的谐音，在90后、00后群体中颇为流行。蒙牛真果粒大胆启用这个新词，直接将产品IP化，将产品的口味、颜色与“蓝朋友”一词原本的内涵联系在了一起，成功地使朋友圈刮起了一阵“你们晒的是男朋友，我晒的是蓝朋友”的热潮。

再比如，苹果手机曾经有两个经典的广告《1984》和《非同凡想》，都走的是不直接介绍产品，而是给消费者讲故事的路线。将故事中人物的情感和价值观与消费者联系在一起，让消费者产生共鸣，为情怀买单，以至于更依赖苹果品牌。

另外，依云的“返老还童”广告也颇受消费者欢迎，依云卖给消费者的不单纯是水，而是依云200年的传奇，所以消费者愿意花高于普通水好几倍的价格，购买依云水。

管理大师托马斯·彼得斯曾说：“距离已经消失，要么创新，要么死亡。”产品IP化为消费者打造的是一种感觉和文化符号，消费者消费产品IP，更多的是在满足自己对精神和生活方式的追求。

② 新的产品细节

产品IP化的主要方式是讲故事，通过具象化的描述，将消费者带入一个特定的情景，引导他们去思考。企业要让消费者觉得是自己主动选择了产品，而不是被产品限制了。产品的名称、视觉、口号都会成为消费者的关注点，这些就是产品IP与消费者沟通的语言。

对此，产品IP要避免使用抽象语言。产品IP在讲述一个故事时要尽量用事实来说服消费者，这样才能在消费者脑海中形成生动形象且深刻的画面。比如，形容一个人成绩很好，如果只说这个人很优秀，是很没有说服力的。但如果说这个人考试不是第一，就是第二，听者有一个事实作为参考依据，会觉得自己听到的信息更具说服力。产品IP同样可以这样理解。

在利用产品IP讲故事时，消费者往往需要时间从大段信息中找到信息之间的联系，由此梳理出整个故事的逻辑。因此，在利用产品IP讲故事时要有全局意识，懂得将主要信息在故事开头呈现给消费者，而不是让消费者自己寻找。

③ 新的宣传方法

一般产品IP化的主要方式是“内容 + 广告”，但如今的媒体信息日趋碎片化、社交化，自媒体百花齐放，这要求企业在设计内容时也要加入大量的自制内容。

微博、直播、社群等自媒体占据着消费者大部分的时间，消费者浏览内容，再利用点赞、评论、转发等功能与之互动。当大多数消费者适应了自媒体的传播方式，企业的宣传重心也要向自媒体转移。企业可以用多个自媒体账号组成自媒体平台矩阵，针对不同的产品内容，精准投放在各个渠道，以获得更好的传播效果。

另外，这些自媒体平台的反馈数据也十分重要，其访问记录、转化数据、评论等信息都与产品息息相关。利用大数据总结消费者的问题，提升产品质量是企业营销中相当重要的一环。

好的产品IP会一直与消费者保持良性互动，共创内容，从而增强消费者黏性。因此，产品IP要设置与粉丝互动的渠道，如果只有消费者对产品或产品对消费者的单向倾诉，是无法让消费者成为粉丝的。只有充分地互动，才能让IP内容产生温度，另外还可以增强消费者的参与感、立场感，非常有利于提升粉丝黏度。

无论是新品牌构建市场知名度还是老品牌持续提升影响力，都需要根据目标客户群建设品牌形象。而产品IP化非常适合企业向消费者传递品牌的价值、情怀、意义，唤起消费者情感上的共鸣，让品牌具有权威性，进而塑造品牌的知名度。

另外随着AI（人工智能）、AR（增强现实）、VR（虚拟现实）、MR（混合现实）等新兴技术的崛起，产品IP化的进程会进一步加快，有些产品甚至会进化成超级IP，持续在市场中发酵。

3.4 讲价值，不如讲故事

一些企业觉得现在的广告越来越难做，消费者开始有意识地屏蔽广告，广告的吸引力大不如前，很难激起消费者的认同感和购买欲。这是因为消费者逐渐开始反感旧有的广告模式。例如，以前在视频软件上看视频时，消费者因为不习惯付费开通会员会选择耐着性子看完广告，而现在消费者会选择开通会员换取无广告特权以获取更优质的消费体验。

这促使企业的广告营销方式必须革新，比起以前靠投放频率和推广范围取胜，现在消费者更愿意听到一个打动人心的品牌故事，真实、品质和初心才是消费者愿意听到的关键词。

人人都有好奇心，所以人人都喜欢听故事。故事可以满足人们探索未知的好奇心，并且故事的语言表达更具感染力，更容易吸引听众的注意，使其接受故事中传达的信息。

品牌通过讲故事能够将产品简介中没有说清楚的理念、主张等传达给消费者，准确捕捉消费者的心理需求，最后让消费者基于情感偏好而下单。很多消费者在走进门店之前就已经做出了选择，不是因为产品而选择了品牌，而是因为品牌而选择了产品，这就是品牌故事的作用。

消费者无法真正看到品牌的过去，只能通过故事去联想品牌的过去。例如，一个百年老店，它的故事能让现代人产生无限遐想。如果消费者能探索到这个企业的风雨历程，就能对它的产品产生更多的信任。

一个叫伊藤亮子的日本人发现鱼市上都在卖一种小虾，这种虾从小到大都生活在石缝中，而且成双成对。渔民们经常把它们作为观赏品出售，价格都很便宜。

伊藤亮子觉得这些小虾一生都与同伴成双成对、不离不弃，很像人们白头到老的爱情，那么将他们进行包装设计，说不定可以成为人们爱情的信物。按照这种想法，伊藤亮子在东京开了一间小店，专门出售这种小虾。

不似海边渔民们直接放在清水里售卖，伊藤亮子经过精心设计，定制了一种特殊的玻璃箱，并在里面放上假山、水草、彩灯装饰，还在里面安装了防水的电子音响元件。这样一来，成对的小虾加上特制的玻璃箱，就成了象征爱情的工艺品，还可以制造氛围播放舒缓的背景音乐。产品一经面世，就受到了很多人的欢迎。

另外，产品还附卡片，卡片上伊藤亮子生动地把小虾厮守一生的故事告诉人们，进一步引起消费者的共鸣。不论是新婚夫妇还是许多老夫老妻，都把小虾买回去作为爱情的纪念和信物，产品广受人们欢迎。

案例中的伊藤亮子通过讲故事成功地把在鱼市中卖得很便宜的小虾包装成了工艺品，提升了它价值的同时，还赋予其以爱情的象征意义，使它从一个商品变成了象征爱情的信物，成功把品牌传递的理念印刻在了消费者心中。

许多知名企业都有自己的品牌故事，通常只是一句话，却凝练了整个品牌的灵魂。比如苹果的“活着就是为了改变世界”，海尔的“真诚到永远”等，这样的品牌故事让他们与其他品牌形成了明显的差异。

“钻石恒久远，一颗永流传”是很多人都听过的广告标语，它是钻石品牌戴比尔斯的广告语，同时也是其品牌故事。

在戴比尔斯诞生之前，钻石并不是爱情的象征，也没有任何浪漫的附加属性，它只是贵族和资本家“炫富”的工具之一。在20世纪上半叶，经济大萧条时期，人们对钻石的需求量急剧下降，钻石退下了奢侈品的神坛，逐渐进入大众市场。

由于钻石昂贵和坚硬的特质，戴比尔斯公司把这种特质与爱情的忠贞联系在了一起，“钻石恒久远，一颗永流传”的故事便诞生了。试问有哪一对情侣不希望拥有一段像钻石一样忠贞的爱情呢？这个故事成功地使产品抓住了消费者的心。

讲故事的作用就是将品牌变得更加人性化，让消费者看到产品背后的成长过程以及研发人员的努力与坚持。通过这些生动的故事让产品理念与消费者产生共鸣，进而使消费者为情怀买单，对品牌产生信任感和依赖感。

同仁堂是一家传承了300多年的老字号，至今研发了近千种药，却没有保留一种所谓的独家配方。中华人民共和国成立后，同仁堂将自己所有的独家配方都奉献了出来，使其他企业能共同生产，以此来造福大众。

虽没有独家配方，但不等于同仁堂就失去了竞争力。产品的竞争力是在长期累积中形成的，即便产品一样，原料到生产的各个环节也是不同的。产品质量和品牌信誉就是同仁堂的制胜法宝。

“炮制虽繁必不敢省人工，品味虽贵必不敢减物力”是历代同仁堂人始终恪守的古训，“修合无人见，存心有天知”是历代同仁堂人始终坚守的自律意识。在制药过程中，同仁堂人始终奉行敬业小心、精益求精的严谨精神，并因为“配方独特、选料上乘、工艺精湛、疗效显著”的药品而享誉国内外，产品行销40多个国家和地区。

同仁堂的产品质量独步市场，其中，用料是其成功的一大关键。同仁堂讲究用料，在用料方面的投入是其他企业无法比拟的。例如，同仁堂只用广东新会产的陈皮、浙江东阳产的白芍、安徽芜湖产的丹皮，“十大名药”之一的乌鸡白凤丸所用的人参只产自吉林。即使是和药用的蜂蜜，也要用来自河北兴隆的枣花蜜。

品牌需要故事来丰富其内涵，这是品牌得以流传的关键。故事化沟通是品牌向消费者传递信息最有利的方式，品牌故事会随着品牌一起根植在人们心中，并将品牌形象化、高端化。

那么如何设计一个优秀的品牌故事呢？罗伯特·麦基在《故事经济学》中提出“好故事”要经历八个故事设计阶段。

a. 目标受众。

b. 创立平衡的初始状态。

c. 出现激励事件与失衡状态。

d. 渴望的、未被满足的需求。

e. 第一个行动（策略选择）。

f. 第一个反馈（悖反期望）。

g. 危机下的抉择。

h. 高潮反馈。

无论故事内容如何变化，故事的骨架和核心是不会变化的，好的故事要有能固定住血肉的核心骨架，保证故事内核经过长时间的洗礼也不会发生变化。

（1）确定受众，针对情绪进行渲染

讲故事之前企业需要确定产品的受众，针对目标受众，挖掘其内心深处的需求。例如，乔布斯发现当时的电脑产品样式笨重、包装简陋且不利于携带，他就觉察到了消费者希望电子产品更轻薄、更具设计感的需要。于是他创造了优雅别致的苹果产品，并通过故事告诉消费者这一设计理念，以博得消费者的好感。

（2）创立故事情节

好的故事要有铺垫、高潮、转折和收束，情节整体要跌宕起伏才能吸引更多人注意。例如，奥美广告公司为多芬设计的“多芬真美素描”，影片以自我批评与自我欣赏为核心，女主角们分别对自己的外貌进行描述，美国联邦调查局素描肖像画家据此形成画像，再与画家根据主角朋友的描述画出的画像进行比较。

令人意外的是，他人反馈与自身反馈基本都是相反的，许多人比他们自身想象的更美丽。这一故事既有铺垫又有转折，在讲

述的过程中吊足了观众的胃口，最后用一个“开窍时刻”成功将多芬的“你比想象中的自己更美”这一核心思想传递给了观众。

“开窍时刻”可以强化记忆，即指意料之外的转折更容易让人记住，所以品牌故事不能平铺直叙，要有转折、有高潮，充分调动消费者的好奇心。

例如，销售同一款灯具，如果一位销售员对客户说：“我家里装修的时候我还没有从事灯具销售，结果我就买了一款花灯，现在我真的是后悔死了，花灯不但不好清洁而且特别费电。您相信我准没错，我做灯具销售员已经有三年多了，咱们市里的每个小区都有人从我这里买过灯，像是您小区里的杨先生装修婚房就全部用的我这里的灯。”

另一位销售员对客户说：“花灯不好清洁而且特别费电，您还是听我的推荐吧。我的客户特别多，我不会骗您的。”

显然，更多客户会选择在第一位销售员那里成交，因为他的故事讲得好，将消费者带入到了当时的情境中，让消费者与他产生了共鸣。

企业要让品牌故事成为强有力的号召，增强消费者的代入感，让消费者在现实世界中成为故事的主角。比如，耐克公司的宣传语“Just do it”（想做就做），就可以设计一个爬楼梯的故事。一个人在非常费力地爬楼梯，突然意识到自己该锻炼了，于是他买了一双耐克鞋并开始跑步。虽然开始锻炼很累，但他坚持了下来，并最终减肥成功。由此印证了耐克“Just do it”的核心思想。

这就是对故事情节的设计，它需要跌宕起伏，代入感强。爬楼梯人人都会经历，所以人人都能成为故事的主角。因此，这个故事就很容易让人们接受买耐克的号召。

3.5 品牌溢价，让用户为价值买单

竞争战略之父迈克尔·波特在《竞争优势》中提到："品牌的资产主要体现在品牌的核心价值上，或者说品牌的核心价值也是品牌精髓所在。"迈克尔·波特的观点直接将品牌价值归结为品牌的精髓。

品牌价值是指品牌可以为消费者带来的价值，包括属性、品质、个性、档次、文化等。品牌溢价则是指品牌的附加值，指的是一个产品如何在同类产品中卖出更高的价格，这也是企业打造轻奢品的关键。

例如，500mL的矿泉水，冰露价格为1元，农夫山泉价格为2元，百岁山价格为4元，依云价格为26元。如果只从产品功能看，这些产品都是水，只有解渴这一个功能，在味道上也基本没有差异，但价格却差了几倍甚至十几倍，这就是品牌溢价带来的效果。

品牌价值是品牌的初期形态，而品牌溢价是品牌的最终形态，二者存在辩证关系，即品牌价值决定品牌溢价，品牌溢价反作用于品牌价值。

（1）品牌价值决定品牌溢价

品牌价值是品牌创立之初就存在的，代表着品牌存在的意义，包括品牌的功效、品牌的定位、品牌可以为消费者解决的问题等。随后品牌进入成长、壮大的阶段，企业要针对目标消费人群进行营销推广，反复在新老媒体平台投放广告；针对其他竞争产品反复调整自己的产品；针对市场环境的变化进行自我完善升级。而且在品牌诞生之前，体验时期的市场环境要更为严苛。经历了这些磨难后，品牌得以存活，这个时候，才可以称得上是品牌真正的诞生。

例如，宝洁公司自1988年进入中国市场后，就经历了这样一个过程。33年间宝洁公司针对市场需求，不断完善产品，一度占领着中国日化用品最高销售额的宝座。如今，宝洁公司已成为国内日化消费品的龙头，其品牌价值为大多数人所青睐，并在不断地扩大着品牌的影响力。

品牌在发展的过程中，品牌价值也在不断增加，直到产生品牌溢价，这个品牌才能称为名牌。分析指出，要成就一个名牌，仅媒体投入就需要2亿美元，如果要进入海外市场，则需要投入更为巨大的资金和人力，更别说还会遭遇原有市场的排挤。

面对这种情况，最好的解决办法就是提升品牌价值，快速打开市场。例如，宝能集团入资万科集团以巩固其在房地产行业的根基，收购观致汽车入驻汽车行业，收购厨邦酱油涉及食品领域等都是其为发展多元化品牌、提升品牌价值做出的调整。

（2）品牌溢价反作用于品牌价值

上述提到品牌溢价是品牌的附加值，还举了矿泉水的例子。排除包装等因素的影响，很多人脑海中都将价格高等同于品质好，尤其是青年一代的消费者，会在可承受范围内给自己买最好的。这就是依云的价格虽是普通矿泉水的十几倍，销量依旧很高的原因。

除此之外，依云还与知名IP联手，不断将产品融入生活场景中，以IP流量的影响力来加持品牌价值。比如热播剧《欢乐颂》中就有依云的植入，女主角之一的安迪是企业高管，而她的冰箱里全都是依云水，宣传产品的同时，还强化了依云水的高端定位，毕竟只有高收入人群才能在日常饮用20多元一瓶的水。

这也是依云传递给消费者的一个信号，即依云代表着高价格、高品质、高地位，是水中的轻奢品。品牌溢价一定程度上代表着品牌在行业中的地位，消费者会在同类商品中优先选择该品牌的产品，甚至会接受更高的定价。

价格是品牌价值包含的要素之一，在产品形成初期，产品会随着市场环境、受众群体的改变而改变，价格也在随之改变。排除通货膨胀等特殊因素，价格的提高就是品牌价值提高的外在表现。

例如，华为创业之初的产品价格与现在的产品价格有较大差别，Mate Pro系列手机的价格可以与苹果手机一较高下。其原因就是华为的品牌溢价能力提高了。华为手机的品牌溢价已经为大多数消费者所接受，并且拥有不错的市场口碑。这种溢价能力使华为集团的品牌价值得到了整体的提升。

2020年，华为的年营收额达8914亿元，其所拥有的5G技术专利更是全球的领头羊，毫无疑问它已经成了中国的骄傲。当消费者带着这样的情怀去购买华为的产品，他们会觉得自己不仅是在购买手机，还是为中国的高新技术添一份力。

最后，品牌获得的溢价能力还与市场上同类产品的数量有关，也就是说，随着其他同类产品数量增加，其品牌溢价能力可能会下降。这是市场竞争逐渐激烈导致的，虽然这种竞争更多的还是在技术、品质方面，但价格也是不可忽略的因素。

如果竞争演变为价格战，加之消费者的选择变多，其注意力很可能会被其他品牌吸引。一些品牌为了获取短期收益而降价，可能会导致品牌溢价能力下降。

第 4 章

产品“严值”：工业化产品开发方法

无论是新产品上市还是老产品更新换代，都离不开一个完整的产品开发流程。高效率的开发流程可以提高产品的迭代效率，让新产品更早发布，抢先占领市场。

严格的产品生产流程也能带来高颜值。产品生产标准化保证了产品质量稳定化，长期输出稳定的高品质产品可以让消费者更加信任品牌。

4.1 极致的产品会说话

小米的创始人雷军说过：“好产品自己会说话！”这句话很多人都听过，也有不少企业把它作为经营的信条。产品是一个品牌的核心，也是其保持生命力的关键。因为消费者购买的始终是产品本身，外在眼花缭乱的广告只能让消费者短时间内产生兴趣，而不会让他们成为产品稳定的用户。

德国有1300多家专注于细分领域的企业，这些企业不急于扩张也不崇拜营销，所以常被称为“隐形冠军”。这些企业大多凭借着过硬的品质赢得客户的口碑。“德国制造”向来都是高品质的代名词，所以才催生出了许多的“隐形冠军”。这些企业在专业细分市场处于领先地位，但公众的知名度并不高。

辛恩特殊钟表有限公司是一家为飞行员、特种部队、潜水员等职业提供特种手表的公司，是特种表领域的领头羊。辛恩公司为了制造出能在各种极端条件下应用的“计时工具”，研发了多项专利技术，如氩气除湿技术、滴定技术、高硬度防刮技术等。这些技术有自主研发的，也有借鉴其他行业现有技术的。辛恩公司把它们运用到制表业中，解决了手表在极端环境下可能会显示不清、容易碎裂等问题。

辛恩公司有117名员工，15%～20%是研发人员。但关于手表的设计并不是研发人员的“一言堂”，而是广泛听取各方意见。无论是从业多年的老员工还是新人实习生，都可以对设计提出建议，并且拥有同样的机会被采纳。

辛恩公司从未找过明星代言，也不擅长于做广告，他们始终坚信“极致的产品会说话”。消费者的口碑比任何广告营销都要扎实。

辛恩公司强调员工技能培训和企业文化，公司的每位员工都对产品富有责任感，他们把组装一块手表视为自己的使命，这种企业与员工的双向认同使员工的流动率非常低，并赋予了辛恩公司继续向前的动力。

好的产品，都有属于自己的独特语言，消费者可以通过产品看到设计者的故事，了解其想向人们传递的内涵。如建筑大师弗兰克·劳埃德·赖特设计的流水别墅，利用环保材质，依山而建，与自然融为一体。消费者很容易就能从这种设计中体会到设计师返璞归真的设计理念，如图4-1所示。

日本平面设计大师原研哉为梅田医院设计的系列标志，均采用柔软的白色布料材质，既体现出医院的人文关怀，又能强调医院的整洁、卫生，如图4-2所示。

图4-1 流水别墅

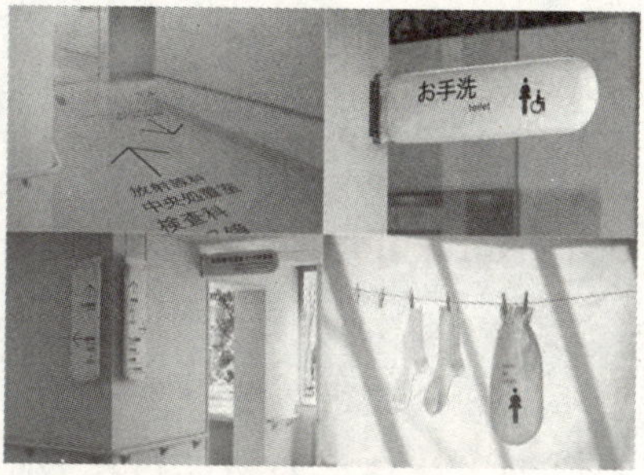

图4-2 梅田医院系列标志

“好产品自己会说话”不单指产品靠“技术”和“质量”博得消费者的喜爱，有时也可以靠产品本身的自我推销。所谓自我推销指的是产品可以主动表达具有传播性的信息，带有这种特征的产品，自身就成了一种媒体，可以为自身进行宣传。

这种自身带有传播性信息的产品，一般有5大特征，分别是提供谈资、帮助表达、拉近关系、展示形象、展示地位。

（1）提供谈资

信息传播很多时候以人们的聊天对话为媒介，交谈可以有效实现信息一对一甚至一对多传播。聊天的关键是谈资，即一个能形成讨论的话题，这个话题要足够有吸引力，能引起人们的好奇心，让人主动传播。

如果产品的某一个方面能成为这样的话题，就能起到自我推销的作用。比如：“你知道吗？小米出了一款双面屏手机。”“你知道吗？卫龙辣条居然开了个旗舰店，装修得跟苹果体验店一样。”这些话题足够“新”“奇”“最”，是听的人不知道或是超出他们固有认知的。这些带有反差性的信息会在听者脑海中形成深刻的印象，从而让他们无法忘记这些产品。

（2）帮助自我表达

所有人都希望自己是独一无二的，消费者希望产品能体现出自己的个性，从而帮助自己表达。如果产品能实现这一点，代表某一类人的特质或引领某一项潮流，也能起到自我推销的作用。

例如，三元牛奶与故宫联手打造的“宫藏·醇享”系列，通过国风创意包装，跟上了大热的国风热潮，帮助喜欢国风的人进行自我表达。

（3）拉近用户与他人的关系

人具有社会化属性，是不能离开群体而独立存在的。因此，人们生活中时刻存在交际的场合，不管是发展一段新关系还是巩固老关系，如果某一种产品能帮助人们维护他们相互之间的关系，那么它就能进行自我推销。

2018年，江小白与罗振宇《时间的朋友》合作推出“私人定制瓶”。消费者可以自己设计文案和图片，定制属于自己的江小白，从而表达自己对于时间的感慨，如图4-3所示。

图4-3　江小白私人定制瓶海报

“私人订制你的美好瞬间”是江小白打出的口号。这个私人订制服务受到了年轻人的广泛好评，江小白也从白酒升级成了一种表达情感的工具。一时之间，公司年庆、同学聚会，都开始流行赠送江小白。

（4）展示自我形象

虽说个体隶属于群体，但个体与个体之间是不同的，每个人都有不同的性格、价值观和兴趣爱好，这些都是他们的特征。如果产品恰巧符合消费者的这些形象特征，如热爱阅读、喜欢宠物、运动达人等，产品就可以进行自我推销。

Kindle是亚马逊研发的电子书阅读器，采用电子墨水屏技术，还原纸书阅读体验。屏幕在阳光下也无反光干扰，而且机身设计纤薄轻巧，方便单手持握。另外，Kindle一次充电可以坚持数周，方便旅行、出差等情境下使用。

Kindle的出现无疑是阅读爱好者的福音，它既拥有纸书的阅读体验，还克服了纸书重量大、不易携带等缺点，更不像其他电子产品一样长时间使用会损伤视力。而且Kindle里有海量电子书可供选择，从历史到文学、经管到小说，各类题材应有尽有，喜欢任何一类题材的人都能找到自己想要的。

另外，kindle还有配套免费的阅读软件，可以实现智能手机、平板电脑和kindle设备的阅读进度共享，这个功能为Kindle创造了更加优质的阅读体验，更符合这些阅读爱好者们“随时随地”看书的需求。

（5）展示自我地位或身份

人类一般通过展示某种优势来获得群体的认同，确定自己在群体中的地位，这是群体动物的一个特点，可以说人人都存在攀比心。如果产品能成为某种身份地位的象征，让消费者可以通过无声的语言展示自己的地位，满足其攀比的心理，那么产品就可以进行自我推销。

图4-4　LV钱包Logo

一般奢侈品都会把自己的Logo印在比较显眼的地方或者直接用Logo充当花纹图案，如图4-4所示。这实际上就是利用了人们的攀比心理，毕竟消费者是希望自己花上万元买的包能和几百元的普通品或仿冒品区分开。所以，这种Logo就成了无声的语言，它可以帮助人们表达自己的地位。

好的产品由方方面面的因素构成，首先品质是最基本的，其次设计、包装、功能、内涵等，缺一不可，这样的产品才能为自己发声，博得消费者的青睐。

4.2 核心需求识别

工业化产品在设计时应有一套标准化的规定，包括产品的用料、功能设计、结构设计、包装设计等，哪怕是极微小的一个产品，也要按照这套标准来设计，才能保证企业生产的是工业化产品。但要注意，这些标准都必须以消费者的核心需求为制定前提，否则这个产品很难有好销量。因此，在产品开发之前，识别用户的核心需求很重要。

用户的核心需求是指用户最迫切的需要和困惑，如果产品能解决这些问题，就能让客户自觉地聚集在产品身边。企业需要开发一个用户需要的产品，而不是一个企业设想的产品。产品因用户的需求而存在，因解决用户的问题而有价值。

新东方最开始是一家英语考试培训班，专门为出国留学者做培训服务。当时类似的培训班有几百家，老师都出自名校或有海外留学背景，另外还有类似华尔街这样的老牌英语培训机构，市场竞争很激烈。

其创始人俞敏洪很快发现了这个问题，如果单从教学质量上拉开差距，能做出的调整不多，那么学生的核心需求是什么呢？俞敏洪发现，大多数学生在备考过程中会感到焦虑和迷茫，比起小幅度提高教学质量，学生们更需要一些人生道理来激励自己渡过这个艰难的过程。

此后，新东方除了致力于提高教学质量外，还改进了教学风格，为学生们营造出一种校园氛围。俞敏洪以及其他名师还在公开场合讲述自己的亲身经历，以此对学生形成激励。这种“过来人”式的激励方式，让学生们迅速在身边发现了努力的目标，从而克服了备考过程中迷茫的问题。这个举动极大地满足了学生的需求，也为新东方树立了良好的口碑，吸引越来越多的考生选择新东方。

每一个产品的出现都是基于一部分人的需求。2018年，希捷公司与京东合作推出新款产品乐备宝。乐备宝是一个带有外部储存功能的移动电源设备，是一个针对手机而产生的移动产品，它适用于安卓系统的手机。乐备宝将移动电源和外置储存合为一体，首批产品的存储空间为1TB。

为什么要设计如此大容量的内存呢？首先，手机内存分为RAM和ROM，RAM是手机的运行内存，ROM是手机的存储内存。运行内存与软件运行的流畅程度相关，而存储内存与可下载软件的大小和数量相关。

随着智能手机的普及，手机逐渐成了人们生活中不可分割的一部分。手机不仅可以接打电话、发送短信，还可以移动支付、浏览新闻、直播娱乐等。功能多样化的同时，需要下载的软件也越来越多，从最初的8G到64G、128G，手机的内存越来越大。

而在当时，大内存的手机属于少数，大多数人还使用着较低内存的手机，这会影响手机的使用体验。但很少有人会因为内存不够而更换手机，因为性价比太低。但内存不够这个问题又确实困扰着一部分消费者，于是乐备宝就应运而生了。

乐备宝像普通移动电源一样使用，用户可以把一些不常用但必须保留的文件、视频、图片等转移到乐备宝中，这样就可以为手机节约出一些空间来运行重要的软件。

乐备宝满足的需求十分简单，只有外部储存和充电两个功能，这是针对手机的基本需求而设计的，而且合二为一，给用户减少了使用麻烦。另外，乐备宝还配备了USB3.0的高效传输接口，让用户传输数据更有效率。

识别用户的核心需求，需要企业需把握3个关键点，即精准、痛点、通道。

（1）产品只有一个

精准的意思是聚焦于一点，意在为用户解决问题时，不用把所有的问题都解决，解决其中最主要的一个即可。实际上企业无法把所有产品都做好，即使可以，也要推出一个主产品作为品牌的标志，否则品牌是没有特点的。因此，消费者的需求是分先后顺序的，产品要集中满足其中靠前的几个需求。

（2）抓住的才是痛点

用户的痛点有显性和隐性之分。显性痛点是指大部分用户都存在的、一目了然的问题。隐性痛点是指用户一般不为人知的需求，有时甚至消费者自己都不太明确，却又实际存在。

比如，新东方发现学生大多会在备考路上出现迷茫的情况，实际上学生们自己也不知道自己为什么迷茫，只是单纯地感觉状态不好。而新东方通过研究发现了这一隐性痛点，改进教学风格，帮助学生们重拾信心，从而获得了更多的关注。

隐性痛点最不容易发现，而显性痛点比较容易发现。很多企业都只是针对显性痛点开发产品，由此带来了产品同质化严重，市场竞争激烈的问题，造成了很难有出色的产品脱颖而出。对此，企业要做的是寻找用户没能被解决的需求，针对它开发产品，才能建立产品竞争力。

（3）第三方通道

企业可以通过第三方去寻找用户的需求，如用户群、产品评价和寻找意见领袖等。

① 内部渠道

内部渠道是指平台内部的用户反馈途径，包括客服、微信公众平台、QQ/微信群等。这些渠道有不同的反馈频次，因此重要程度也不同，一般按意见建议 > 社区 > 产品/服务评价 > QQ/微信群来排序。根据用户反馈的重要程度不同，企业可以识别出哪些是用户的核心需求，从而进行有针对性的生产。

② 外部渠道

外部渠道是指在第三方平台上收到的反馈信息，这类信息一般分为口碑和评价两类，口碑常是消费者自发的点评，而评价有时候是在引导下进行的点评。

评价：一般集中于App商城或者第三方平台，这些平台专业度高，具有公信力，集合了大量同类信息。

口碑：一般集中于微博、知乎和贴吧等，这些平台热度高、用户数量多、言论发表自由，所以常会有用户发表一些基于实际体验的评价。

③ 找到意见领袖

上述提到的渠道，会使企业面对大量庞杂的信息，很难从中识别出消费者的核心需求，毕竟人的精力有限，企业也不可能把全部的资金和人力用在识别用户信息这一个步骤上。

因此，找到意见领袖就成了一条捷径，意见领袖是指在用户中有话语权的人，他们一般是这类产品的资深用户，还会对其他新人用户的决策产生影响。企业可以在一些第三方平台上观察哪些用户在群里能一呼百应或其评论下方有诸多跟评，这些人就是意见领袖。他们对产品很了解，意见也较为专业，企业更容易在这些人的评论中发现核心需求。

4.3 核心功能策划

明确了用户的核心需求，接下来就是开发产品的核心功能。核心功能体现产品的核心价值，所以策划产品的核心功能必须保证高标准、严要求，才能让产品符合工业化产品的开发标准。

为了保证后续产品的迭代顺利进行，产品的核心功能必须稳定，这样能缩短后续增添其他功能的时间，保证每一次迭代都不用从零开始。

产品的核心功能是衡量产品品质的关键标准，比如一台电脑，它的处理速度很慢，那么就算它还有其他许多花哨的功能也不会得到消费者的青睐。所以核心功能设计就显得尤为重要。那么如何做好产品的核心功能设计，有3个方面需要企业注意。

（1）产品所处阶段分析

随着产品的不断成长，产品会在不同的发展阶段增加不同的功能，以完善体验感。而产品在不同阶段侧重的功能是不同的，因为用户的需求在不断改变。产品的1.0阶段是产品从无到有的过程，这一阶段主要是验证产品是否大致符合用户的需求方向，明确其是否具有市场潜力。另外，产品需要在这一阶段向用户展示自己的主打功能，与用户建立初步的了解关系。

以微信为例，其1.0版本以实时通讯App为原型，只有聊天和找朋友两个功能，非常简洁地向用户展示了其主打的极速轻快的楼层式对话的聊天功能。随着微信的成长，其核心功能也在不断增多，这与用户的数量、需求和市场的变化是分不开的。企业应从用户的核心需求开始分析，明确不同阶段用户的变化以及需求变化与产品的关系，针对这些差异来开发核心功能。

产品成长的第一个阶段，也可称为1.0时期。此阶段是产品从无到有的时期，需要让用户快速了解产品，为产品提供反馈信息，然后帮助产品快速迭代。这个阶段是一个试错时期，用户大多都是新手，所以核心功能的设计要以简洁明了为主，以免操作过于复杂降低了用户的体验感，造成潜在用户的流失。

产品成长的第二个阶段，也就是2.0时期。此阶段的用户大多为活跃用户，而且用户数量已经能保持比较稳定的增长。产品要在这一阶段快速成长，不断迭代，壮大核心功能。这一阶段产品可以适当添加一些能引导用户的功能，即加入一些特色功能为用户制造惊喜。

产品成长的第三个阶段，即3.0时期，是产品的基本成熟期。此阶段已经积累了一些专家型用户，而且用户已大致适应了产品的核心功能，所以在功能增减上必须要谨慎。这一阶段企业要挖掘用户的深层需求，不断优化产品功能来满足一些专家型用户的需要，以此来寻找新的市场。

（2）产品的市场所属

产品的核心功能是由其市场定位决定的，因此，要分析一个核心功能的优劣必须从市场分析入手。一般而言，市场分为现有市场、细分市场、未来市场三类。

现有市场是目前已经被开发出来的市场，意味着某类产品可以在其中盈利，但竞争相对激烈。所以面向现有市场的产品，竞品分析很重要，这是产品开发过程中一个必走程序。比如，竞品的产品功能、产品设计、目标受众等，这些都需要企业仔细斟酌，以此来结合自己的产品定位确定某种核心功能的开发方向。

正所谓“知己知彼，百战不殆”。竞品分析并不是抄袭同行的创意，而是挖掘自己产品接下来的需求，弥补竞品缺失的地方。同理，企业可以借鉴竞品的优点，但也不能盲目跟风，否则很容易失去自己的核心竞争力。

细分市场是现有市场细化区分出的市场。细分市场的每一个用户都是具有近似需求倾向的消费者。比如继微信之后，各类以交友为目的的软件开始出现，这些产品的核心功能更为专一，强调产品整体的和谐统一，能为消费者营造更强的代入感。

因此，细分市场中的产品要抓住产品核心功能的根本属性来设计，做出属于自己的产品个性，对此要注意以下3个方面。

➢差异化，该功能是否与其他产品存在差异，是否具有个性化。

➢强需求，该功能是否能满足消费者的刚需。

➢技术支持，该功能是否有强大的技术支持，为消费者营造优质的体验感。

未来市场是全新的市场，市场竞争较小甚至没有竞品。这类市场虽然留给企业发挥的空间很大，但风险也是不可预估的。在这类市场中的产品，其核心功能的初次开发主要依赖于前期的市场调研，产品在上线后，通过快速迭代可以逐渐修正研发团队之前错误的预判，慢慢让产品贴合用户的需求。

（3）该功能所体现的价值

产品任何一个核心功能的设计都要体现在产品价值上，即是否能解决用户的核心需求。检查一个功能是否具有价值，可以检查它是否提高了产品的使用率、是否让用户获取更多信息、是否解决了用户在某种情境下的需求等。

现今是大数据时代，人们每天被各种各样的数据围绕着，因此，信息的准确度对用户来说越来越重要。信息可视化、数据简约化都是信息时代应当考虑的设计方向，企业要在用户自己过滤垃圾信息之前，为其筛选出更优质的信息。让信息更准确地传达给用户，是当下企业开发产品核心功能的主要思路，只有能提升产品价值的核心功能，才可以被留下。

4.4 用户参与开发

近几年，移动互联网以雷霆之势席卷全球，让无数企业站在了转型与变革的十字路口。随着用户地位的提高，产品价值的评价标准变成了能为消费者解决他们的核心问题。比如，一个人买一把电钻，并不是需要电钻本身，而是需要墙上的那个洞。如果有产品可以更为便捷地在墙上打一个洞，消费者就不需要电钻了。

从“以产品为核心”转变为“以用户为核心”是现今市场的必然趋势，产品的所有功能标准都应当围绕用户需求而制定，这样的产品才能在保证质量的同时，受到消费者的欢迎。同时，与用户保持高效的互动，不断完善产品以提升用户体验让用户成为粉丝，也是传统企业成功转型的关键。

以小米为例，小米MIUI的第一版发布于2010年，当时只有100个用户，是团队从第三方论坛“拉”来的。没有广告，没有宣传，只凭借用户的口耳相传，一年之后MIUI拥有了50万用户。

这50万用户全部来自用户的口碑，这同时也是小米创始人雷军主张的互联网思维的核心，如图4-5所示。

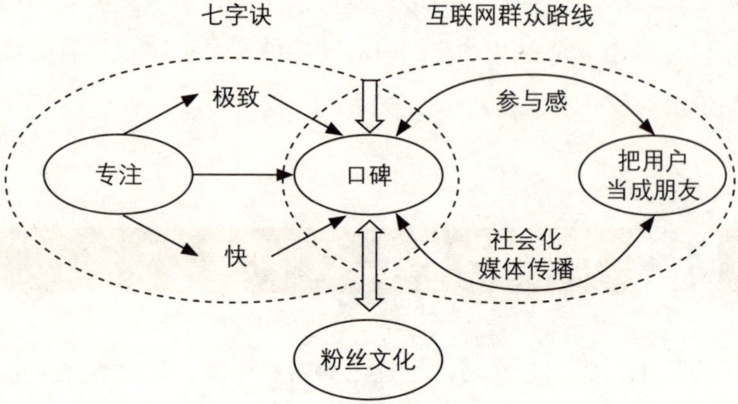

图4-5　雷军的互联网思维

围绕以口碑为中心的理念，小米MIUI的开发团队创建了“橙色星期五”的开发模式，以开发团队和用户的论坛互动为核心，如表4-1所示。系统每周一更新，周五集成开发版，用户可以在论坛进行投票，生成“四格体验报告”，切实地从用户角度去改进产品。

表4-1　橙色星期五互联网开发模式

周一	周二	周三	周四	周五
开发	开发/四格体验报告	开发/升级预告	内测	发包

一些用户觉得产品的升级迭代很难被自己感知，虽然产品在诸多方面做出了调整，但用户经常觉得与之前“没有什么区别”，反而比之前需要的储存空间还要多，不仅白白浪费了更新的时间，还让内存更小了，所以就有很多用户选择不更新。

小米的“橙色星期五”开发模式很好地解决了这个问题，产品的每次升级，用户都可以感知，甚至能知道哪方面是根据自己的建议改进的。这样用户不仅是产品的使用者，还是设计者，由此，用户在真正意义上成了产品的主人，如图4-6所示。

图4-6　小米的10万人互联网开发团队模型

以小米第198周的版本发布为例，我们来具体介绍一下橙色星期五开发模式是如何让用户参与到产品开发的。

首先这个版本是MIUI诞生的第四年的7月25日发布的，所以其版本号就为4.7.25，很好理解，也方便用户记忆。

其次是这个版本的更新日志，如图4-7所示。

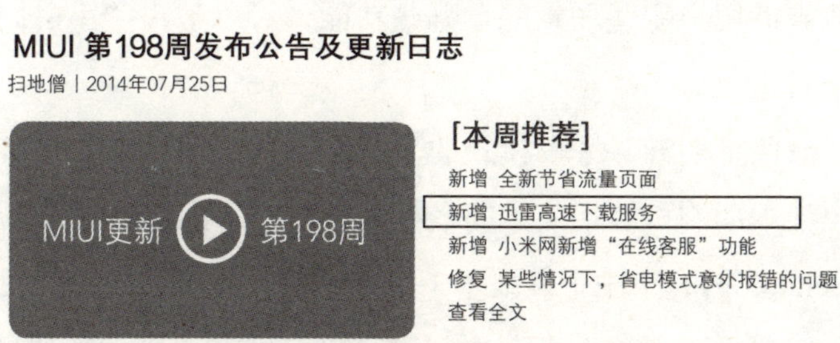

图4-7　MIUI第198周发布公告及更新日志

最后是版本视频演示，如图4-8所示。

图4-8　MIUI第198周发布的版本视频演示

MIUI每一次的产品更新除了发布公告外，都会用视频的方式进行功能演示。以这样的方式清楚地告诉用户，产品在哪方面做出了调整，这个更新后的功能如何使用以及与之前的版本有什么不同等。有些用户对产品不是特别精通，很难自我感知产品的新功能和操作，这时这个演示就显得很有必要了。利用视频演示，直观地告诉用户哪些场景配合哪些功能，可以解决“小白们”的大部分问题。

“橙色星期五”开发模式的另一个特色是四格体验报告，其内容包括本期刷机心情、本期最有爱更新、下期OTA（Over-the-Air Technology，空中下载技术）更新期待、本期最不给力更新四部分。用户需要对这四部分内容进行投票评选，满意度超过30%的，该项功能的开发团队就能获得奖励，如图4-9所示。

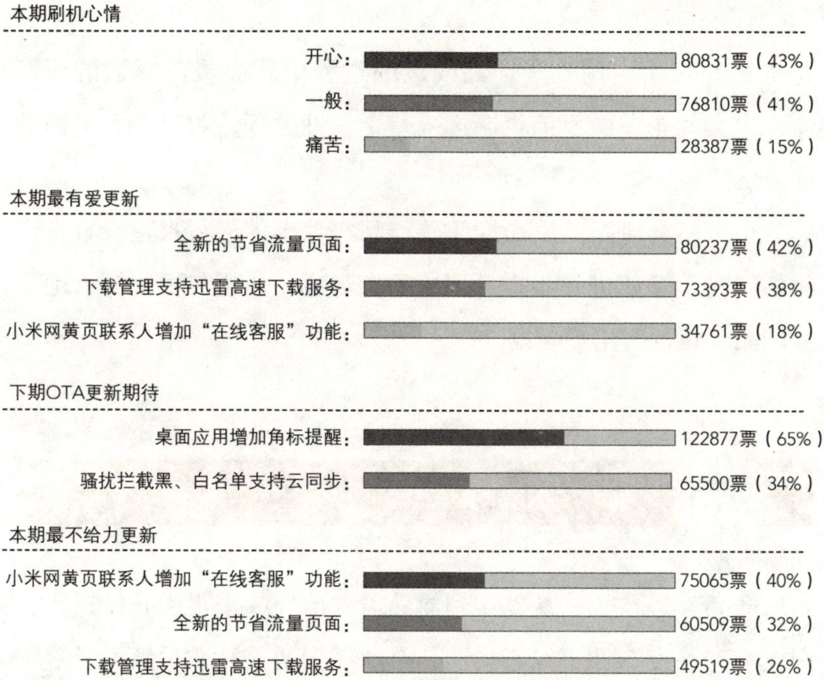

图4-9　小米4.7.25版本的四格体验报告

在“本期最有爱更新”的投票中，“全新流量页面”和“迅雷高速下载服务”的投票比例为42%和38%，已经达到了获奖资格。从这个报告中可以看出这两项更新与用户当下的需求比较契合，因此这两个功能可以在后期进一步拓展。

小米的每个版本都要由MIUI论坛荣誉开发组成员评测，这个荣誉开发组是由1000名资深用户组成的。这些用户基本上属于产品的意见领袖，他们的建议有鲜明的标志——“荣组出品”，可以达到引导一部分新人用户决策的目的。

小米的每个版本公告后都会向提出有价值反馈的米粉公开表示感谢。这是产品对用户的反馈，用户看到自己的建议受到了企业重视并切实应用到了产品改进的过程中，会提高反馈的积极性，也会使企业的反馈机制进入一个良性循环，收到源源不断的优质反馈。

小米还会对版本发布期间的产品相关事件进行报道，宣传产品的同时，还能进一步提升用户的参与感，让用户更加深入地了解产品，拉近与用户距离。

4.5 发布与跟踪反馈

产品就像孩子，从发布到成熟需要历经一个很漫长的过程。因此，产品发布并不等于成功，企业还需要关注它后续的发展，否则产品很可能有“夭折”的风险。

在开发新产品的过程中，收集需求、竞品分析、研发设计、跟踪进度，这些工作都很重要，但企业不能只关注前面的研发设计阶段，后期的反馈跟踪也同样需要关注。

反馈能反映出新产品或新功能实际发挥的作用，帮助企业了解产品功能与用户需求的契合度，为开发后续的功能做铺垫。这样可以保证产品在后续迭代升级时保持一个正确的发展方向，顺着用户的需要优化产品，而不是与用户背道而驰。

新产品发布后，企业应该如何跟踪反馈？可以从以下6个方面入手收集反馈信息。

（1）内部用户

在一个新产品或新功能上线后，企业可以先内部“试运营”，安排除研发人员外的所有员工试用该产品，并记录下他们的使用感受、意见建议等。参与的人员属性越多越好，最好涵盖不同的年龄段、不同的部门、不同的文化程度等，因为产品在不同属性的人手里，使用感也是不同的。如果接受测试的人差别不大，那么很难看出产品会不会为大多数人所接受。

这一阶段主要测试产品是否存在流程上的漏洞，以及产品是否符合大多数人的需求。因为是在企业内部进行的测试，所以也比较好对产品进行调整。

（2）灰度版本

灰度版本是一种在黑与白之间的版本。发布灰度版本是一种平滑过渡的发布方式。通常采取“AB test”的形式，即让一部分用户继续使用A版本，另一部分用户开始使用B版本。如果使用B版本的用户对该版本没有什么反对意见，则可以逐步扩大范围，让所有用户都开始使用B版本。如果B版本的反对呼声较高，则暂时停用B版本，继续使用A版本。

这样做可以保持系统整体的稳定性，因为只有小部分人使用新版本，所以企业在调整问题时也比较方便，既不会影响旧版本用户的使用，又能快速地试运行新版本。

（3）用户反馈通道

企业在产品上应该建立一个固定的反馈通道，比如大部分App里都会设置一个帮助与反馈选项，这就是一个固定的反馈渠道，用户很容易找到。相反，如果反馈渠道不明确，会大大降低用户反馈的积极性，从而减少产品获得的有效反馈。

（4）用户论坛

用户论坛是专门为产品建立的反馈窗口，用户可以在论坛中尽情反馈、发布测评甚至是单纯地抱怨。企业需要定期去浏览这些评论及意见，从中发现有价值的信息，特别是一些关注度高的精品帖和长评，其下方的评论也要仔细阅读。因为发表这些帖子的人很可能是产品的意见领袖，他们是产品的资深用户，对产品有独到的见解，所以帖子中常隐含着优化产品的关键信息。

（5）后台数据

产品的后台数据是最直观的反馈，企业要学会分析数据，用数据指导产品的优化。以购物网站的一个订单活动为例，如果要为购物网站增加一个满额立减的功能，则可以在功能发布后观察后台的会员增加人数、新增订单量、订单活动中的订单量等，最后得出订单活动为平台增加了多少销售额，以此来确定此功能的价值。

当然，有些功能是无法利用现有的后台数据分析出来的，如网站搜索框下方增加的快捷输入键等。对此，企业可以让技术部门对点击次数做一个统计，通过用户实际的使用频率，判断这个新增的功能有无存在的必要。

（6）用户访谈

适当的用户回访也很重要，企业可以通过面对面沟通、电话联系等方式对老用户做一些回访，与用户聊一聊新产品的使用感以及与旧产品的差别等，让用户表达一下自己对产品的见解。这样做既能提升产品的服务质量，又能获取有效的反馈信息。

收集完反馈信息后，如何处理这些信息，也是企业需要重点关注的问题。因为这既关乎着用户对产品服务的印象，又关乎着产品进一步迭代升级。企业对已知需求和新需求的反馈要做不同处理。

① 已知需求

如果用户的反馈团队已经知道并且已经在着手改进，那么这时企业就可以如实告诉用户，但不要向用户透露具体的开发时间，因为开发过程充满了不确定性，所以要为团队多留出一些时间，以避免没按时完成，引起用户的反感。

② 新需求

用户的反馈信息中包含着新需求，这是很有价值的。企业记录好新需求的同时，也要告诉用户“您的建议我们已经收啦”。这样的回复可以让用户知道产品的反馈机制不是摆设，也会进一步提高其反馈的积极性。

各方的用户反馈信息汇集到一起，不仅数量庞大，而且质量也参差不齐。所以，企业要进行筛选整理，把有价值的信息汇总，应用到产品的迭代升级中。

首先可以将相同类型的反馈归集到一起，然后把它们分成不同的模块。通过对主次需求进行梳理，先解决核心问题，再解决衍生问题。有时候核心问题解决了，衍生问题自然就解决了。

其次也要看问题反馈频次。一般来说，一个问题被反馈的次数越多，它就越有可能是重点问题，但也不能一概而论。新产品或功能上线后，企业要重点留意同一时间内同一个需求的反馈次数，这是看新产品有没有什么紧急问题需要解决。如果有一个问题反馈频次过高，则证明新产品存在明显缺陷，需要立即作出调整。但最终是否采纳用户的反馈，企业要综合考虑产品规划、资源侧重以及开发难度等因素，不能单纯根据用户的反馈频率作出判断。

一个优秀的反馈机制，需要持续对用户的反馈进行跟踪，以保证开发团队正确理解用户的需求。

在和用户交流的过程中要尽力模糊企业与用户的界限，让用户把企业当作可靠的朋友。比如，如果用户反馈的问题可以立即解决，那就不要拖延，马上从专业的角度给出解决方案。如果用户反馈的问题不能立即解决，那就要如实相告，并在问题解决后及时告知用户，切忌多说套话、空话，给用户留下“店大欺客”的印象。

此外，开发团队是根据用户反馈最终制定解决方案的部门，它需要正确理解用户的需求。对此，企业可以在实际升级产品之前，找一些核心用户对产品更新方案做一个评测，了解方案是否贴合用户的预期。

4.6 持续迭代运营

在移动互联网领域，产品迭代思维是一个非常重要的思维。所谓迭代思维是指产品通过在市场中循环执行，逐渐完善自己，这与传统的产品投放顺序正好相反。互联网思维要求企业快速将产品投入市场，通过用户的参与和反馈，不断优化产品，快速迭代，从而让产品日渐贴合消费者的需求，如图4-10所示。

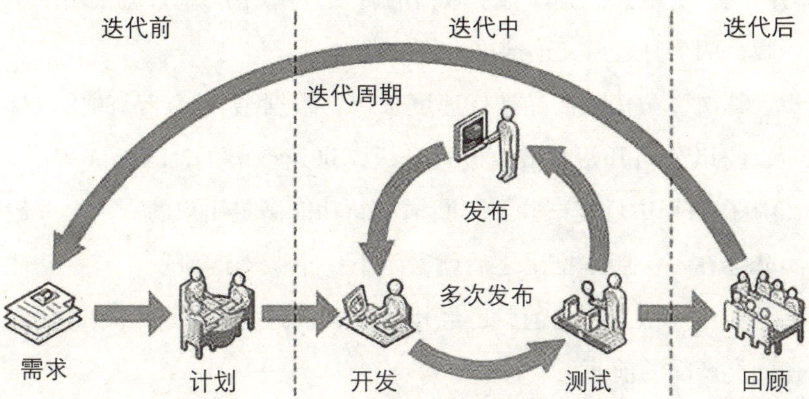

图4-10　产品迭代的过程

迭代思维的核心是快速推出产品，抢占市场。这样可以快速解决问题、快速发布新产品，始终使企业的产品走在其他竞争产品的前面。

迭代思维的另一个目的是降低开发新产品的成本。如果企业在产品完善后才投入市场，那么其试错成本就会变高。如果只开发出产品的核心功能就将其投入市场，则可以极大地降低资金、人力和技术的投入。所以，很多互联网时代出品的产品，第一代都是非常粗糙的，经常会存在重大缺陷，但会很快更新迭代。

以腾讯公司的微信为例，微信的第一个版本只有即时通信和更换头像的功能，与腾讯旗下的明星产品QQ相差甚远。但微信发展到如今，却成了同类软件中的领头羊。

首先，微信的出手动作很快。市场中的同类软件刚起步时，腾讯公司就发现了商机。当时市面上类似的软件只有kik，市场潜力巨大。腾讯公司立即着手微信的研发，仅用了3个月就推出了第一版，四个月之后又迅速推出了2.0版本。

其次，微信的产品迭代速度很快，根据第一版产品的用户反馈，腾讯公司开始对微信进行升级，迅速推出了1.1版、1.2版、1.3版在市场中反复试验，不断增加新功能满足用户的需求。一般团队会在一个版本推出之后就着手下一个版本的研发，有些功能甚至在上一版发布之前就已经构想好了。这保证了微信始终能走在同类产品的前面。

迭代思维简单来说，就是快和重复。但真正运用迭代思维时，并不只是做到这两点就可以了。快是迭代最基本的要求，但重复并不只是表面上的重复更新，其真正的内涵是升华、积累和总结，是促使产品从量变到质变的过程，这要求每一次迭代都要站在更新、更高的起点上。

因此，在迭代过程中，总结用户的反馈信息很重要。没有反馈，没有总结，迭代的新产品很难有质的突破。

另外，迭代时要始终保证产品在一个确定的方向上不断升级，如果中途出现了偏差，那么后续迭代的产品很可能都是无效的。例如，开发一个App，要先确定App的开发是否具有价值性和可行性，在确定了这些问题之后，才能进入下一步开发阶段，迅速上线初始版本。接着是收集和处理用户的反馈，通过评估这些信息，对App进行优化，然后迅速上线更新版。最后按照之前确定的开发方向，不断重复这一过程，直至产品臻于完美。

迭代思维也可以说是产品的“微创新”，即每一次都比竞争对手的产品“多一点”“快一点”。现今市场产品同质化严重，山寨成风，企业想让自己的产品在一片“雷同”的商海中脱颖而出，就要始终让产品保持差异化。

每个产品都有生命周期，不管是几年、十几年甚至几十年都有被市场淘汰的一天。特别是现今科技进步，使产品的生命周期再次缩短。产品迭代能让产品持续保持活力，适应市场不断提出的新要求，使产品的生命周期得以延长。

差异化不仅是一个产品也是一个品牌存续的基础，不管企业经营何种产品，都需要销量，没有销量就没有利润。如果产品一成不变，销量就会逐渐减少直至被市场淘汰。即使像娃哈哈这样的快消品巨头，想要保证每年的销量持续增长，也要不断地对产品进行迭代升级。

产品新陈代谢的过程是不可逆的。例如，以前全球知名的数码企业柯达，在数码时代来临时，只能灰溜溜地申请破产保护。这就是市场规律，创新、迭代、升级是一种必然趋势。

十年前，录像机成了中国家庭的新宠，这代表人们除了收看电视机上固定的节目外也有了新的选择。短短几年，录像机变成了VCD，VCD变成了DVD，DVD变成了3D影像。但随着数字电视的普及，这些设备依然面临着“死亡”的威胁。

消费者的需求不会倒退，就像发明了纸之后，很少有人再用竹简写字。更方便、更新颖的产品才会更有销量，这是亘古不变的道理。

1997年，乔布斯回归苹果，做的第一件事就是取消Newton项目。然后他设想了一种能够随时携带并且能上网发邮件的产品，13年后，这个产品叫作iPad。

然而，iPad并不是单独设计出来的，而是在苹果原有的产品上一步步“微创新”的。首先做一个大容量的随身听iPod，然后加上了多点触控技术的iPod，就变成了iPod touch，给iPod touch加入通信功能，就是iPhone，将iPod touch的屏幕变大，就是iPad。

这就是苹果产品的迭代升级，在现有产品上不断创新，使产品保持生命力，进而打败市场上的其他产品。这种产品的生命力使苹果公司成为世界最伟大的公司之一，其系列产品深受全球人的追捧。

“微创新”最常见的办法就是“资源整合”。例如，手机与数码相机技术整合，就诞生了拍照手机；手机与电脑整合，就诞生了智能手机等。这种方法并没有发明一件新产品，但是给消费者带去了全新的体验，也就形成了区别于同类产品的差异。

迭代是互联网时代提升产品质量的一个重要环节。企业想要制作出真正的好产品，其制作过程不能闭门造车，而要将产品放到市场中不断试验，不断进行“微创新”，以保证产品拥有持续不断的竞争力。

第5章

品牌法则：

新品牌如何成长

老品牌并不是无懈可击的，合理利用“颜值效应”，新品牌也能突出重围。“颜值”可以理解为品牌形象的外化特征，那些高颜值的品牌都是独特的，无论是定位突出、视觉突出还是人物突出，总有不同于其他品牌的鲜明特征。因为当今时代人们对美和个性有更强烈的追求，所以那些独特性强的品牌和产品更受消费者欢迎。

5.1 品牌、认知与事实

如果买一支笔，你愿意为它支付多少钱？有人说2元，有人说5元，这是不同人心中对于一支笔的价格认知。如果是5元一支的晨光笔和15元两支的百乐笔，大部分人会选择15元两支的百乐笔。因为百乐笔平时卖10元一支，而晨光笔一般都是2元一支，消费者会觉得15元两支的百乐笔更划算。

通过这个例子可以明白一个道理：在品牌的世界中，没有所谓的事实，认知即是事实。根据这个道理，可以将企业分为3类：第一种认知等于事实，即消费者对于企业产品的印象等于其实际的品质；第二种认知小于事实，即企业产品的品质要优于消费者对其的印象；第三种认知大于事实，即消费者对于企业产品的印象要优于其实际的品质。为了正视品牌的作用，先要介绍几个常见的品牌误区。

① 品牌等于定位

品牌与定位，二者虽存在交集但不能混为一谈。定位侧重于攻占消费者的心智，让消费者快速认识企业产品。但认识不等于认同，建立品牌的目的是让消费者认同企业的产品。

② 品牌就是拥有的商标数量

商标是法律概念，只要通过正规渠道注册即可，而品牌是认知概念，是消费者对产品的主观印象。

③ 品牌就是爆品

爆品虽然畅销，但一般生命周期都很短暂。品牌则是要让产品始终保持热度，并能够不断延长产品的生命。

④ 品牌等于打广告

现今的年轻消费者更注重产品的品质，过度的广告营销不仅会让消费者不想买单，甚至会引起反感情绪。

⑤ 品牌就是外在包装

产品的设计、外观的确是产品的一部分，但并不是全部，除去视觉审美的过程，产品要能与消费者发生深度关联，才能存续。

⑥ 做品牌就是做品质

提升产品品质是建立品牌的核心环节，但并不意味着只要品质好消费者就会认同产品，毕竟还有许多认知小于事实的企业。例如，法国依云镇的矿泉水品质非常好，却卖不出依云水的价格，只因为它不是品牌。

品牌的核心价值，是品牌最主要的资产，它能让消费者明确记住品牌的个性，是驱动其认同一个品牌的关键力量。品牌的核心价值是品牌所有营销活动的原点，即企业的一切活动都要围绕核心价值展开。因此，丰满和强化品牌核心价值，是企业在建立和维护品牌时最重要的工作。

如果说定位的主要作用是抢占消费者的心智，即让消费者通过一个服务或产品联想到品牌，那么品牌的核心价值就是解决后续消费者如何选择的问题。消费者看到某个产品就会联想到品牌，并不意味着他就会选择这个品牌。因为消费者同样也会联想到其他品牌，在其做出选择之前一切都存在变数。企业需要提升产品在消费者心中的价值，以此来巩固其对品牌的认同感。

例如，一提到游乐园，许多人首先想到的都是迪士尼乐园。如果只比较游乐项目，其他游乐园也有，而且价钱要比迪士尼乐园便宜，但是消费者还是首选迪士尼乐园。这是因为迪士尼乐园在消费者心中的认知要大于其实际的价值。

劳斯莱斯是豪华汽车的制造商，他们定位于最高端的豪华车。其核心价值是尊贵、奢华与权力。劳斯莱斯反复向他的消费者灌输这种理念，让他们形成一种劳斯莱斯就是顶级的奢侈品汽车的认知，时间一长，这个理念就在消费者心中成了事实。

那么，企业该如何找到品牌的核心价值呢？首先企业要明确产品具有的本质性价值，其次要看找到的核心价值是否感染了企业员工，因为对品牌的认知是一个主观的概念，如果经营品牌的人都不能对其怀抱激情，那么该理念也很难感染消费者。最后要找到产品区别于竞争对手的独特之处，企业可以假设，如果自己是消费者，当品牌或产品消失的时候，自己最怀念的是什么。

例如，当宝马消失了，很多人可能会怀念它的驾驶乐趣和制造技术；当苹果手机消失了，人们可能会怀念其产品改变世界的激情；当QQ消失了，人们可能会怀念它曾带来的社交便利。这些就是企业的独特之处，也是品牌具备的核心价值。

锁定品牌的核心价值之后，接下来就要把消费者的认知与品牌理念结合起来，建立企业品牌认知图谱，这是建立品牌最强有力的武器。

整个过程分4步。

首先，列举企业的品牌定位。也就是产品具体占据消费者心智中的哪一部分。

其次，列举出品牌的核心价值。意思是明确品牌提供给消费者最有特点的价值属性。

再次，根据前面两部分信息去发散思维，形成自己特有的品牌认知图谱。

最后，围绕着品牌认知图谱对品牌进行传播和管理。

在品牌的世界里，只有消费者的认知，没有真正的事实。有些公司缺少全面的品牌认知图谱，导致其做的宣传、广告都是混乱的，没有章法。这就很容易使品牌不能在消费者心中形成强有力的认知，也无法使企业收获认知后的品牌资产。

认知图谱可以帮助企业的管理者以及普通员工清晰地看见企业品牌究竟需要做什么？品牌定位需要哪些基本元素？品牌核心

价值的重点是什么？现阶段应该做什么？未来要准备做什么？

认知图谱可以有两张，一张针对企业当下的状况，一张针对未来公司期望达到的品牌形象。当然，认知图谱是可以随着市场环境的变化而调整的，但是必须以定位和核心价值为基础。

5.2 认知就是事实

对于企业经营有一个很精辟的论述："把你的思想装进别人的脑袋，把别人的钱装进自己的口袋。"这只是一种比喻，毕竟比起学习一种新思想，人们更愿意凭借"感知"做出判断。

研究表明，人类的决策模式永远都是感性先于理性。所以，品牌的核心不应是"企业认知"，而是"顾客认知"。消费者认为产品好就会购买，其对产品的认知也就成了产品的"事实"。品牌的作用就是提高这种认知，让认知大于事实。

罗辑思维主办的"时间的朋友"中也提到了"认知"这个词，创始人罗振宇对"认知"的观点是："第一，认知在不断迭代，认知将大于事实。第二，认知战可以超越价格战，能让顾客第一时间想到你的品牌。"

这两个观点是互相联系的，因为认知大于事实，所以消费者才不会去深究，更愿意相信自己的主观感受。因此如何在消费者心中建立认知，使自己脱离价格战的泥潭，这应是企业建立品牌的一个主要目标。

人们在选择一件物品时，总是情感先指导行动。现如今，随着生活节奏的加快，人们更没有时间去验证事情的真伪，因为验证过程的成本太高，大多数人不愿意也承担不起这个成本。

比如，在选择一家餐厅吃饭时，人们不会直接看实际的菜品，而是会先从情感上比较众多餐厅的优劣。一般，第一步参考他人的经验或参考第三方网站的评价，如大众点评、美团等；第二步，考虑自身的利益，如菜系、菜品、价位是否符合自己的预期；第三步，尝试消费。

大多数人经常在第一步和第二步后就终止行动了。这时餐厅的产品仅停留在消费者的认知盲区中，如何激活这个区域，就需要品牌方自己去表达诉求。

每个人都有自己的生活圈层，所以每个人都有自己特有的生活经验，会形成一些固有的认知，这些认知很难被外力所改变。

例如，水饺行业以前有一个连锁品牌叫“大娘水饺”，从1996年起，大娘水饺陆续开设了300多家连锁店。其品牌前后三次迭代升级，第一次把朴素的吴大娘作为品牌形象，第二次把一个女性背影作为品牌形象，第三次把一个正脸的女性形象作为品牌形象，如图5-1所示。

图5-1 “大娘水饺”三次升级的品牌形象

而这三次升级不仅没有提升品牌形象，反而招致大批消费者反感。很多消费者对于大娘的认知是一个憨厚纯朴的形象，而非一个妖娆女子的形象，显然大娘水饺的品牌形象升级与消费者的认知背道而驰了。消费者没有在品牌形象中找到“大娘”的感觉。尽管官方再如何强调品牌主打“陪伴”的理念，也改变不了消费者的固有认知。

大娘水饺的转变是因为其品牌被资本收购，所以要尽可能地“去吴大娘化”。但是对消费者来说，他们的认知中已经把大娘水饺与吴大娘的形象联系在了一起，再加上品牌名称的不断强化，所以很多人都无法接受与其固有认知相冲突的品牌形象。

品牌营销就是抢占认知高地，消费者一般在使用产品后，会快速对产品形成认知。如果企业想让消费者再次选择该产品，就不能再依靠数量取胜，而要提升品牌的格调，加强品牌与消费者的联系。因此，消费者对产品的识别度，就是企业在竞争中脱颖而出的法宝。

比如，消费者使用了苹果产品，形成了苹果产品具有高品质、高性能、高审美的品牌印象，那么在他下一次想要购买高品质、高性能、高审美的电子产品时会首先想到苹果品牌。

再比如，消费者对于小米的认知是高性价比、不赚钱，那么当其想购买高性价比的电子产品又没有太多预算时，会先一步想到小米。

这就是认知的力量，企业要做的是提升产品在消费者心中的地位，做到认知大于事实，才能提升品牌的影响力。消费者在选择商品时都会受从众效应的影响，比如一家店的好评越多，销量就越好，企业也会因此进入一种良性循环。如果消费者能对品牌形成一种良性认知，其做选择的效率就会大大提升，而不会再去比较其他产品。

贴标签是一些企业强化消费者认知的常用方法，小米、苹果、无印良品、沃尔沃等品牌都有自己的品牌标签。另外一些新兴企业也在努力地为自己的产品贴标签，如美团是本地生活服务平台、滴滴是一站式出行平台、陌陌是陌生人移动视频社交软件等。

所以罗振宇才强调要抢占认知高地，现如今许多企业都在以自己的品牌定位为基础，然后尽力向外做拓展延伸。如微信围绕社交功能添加了发红包的功能进军移动支付领域，抢占消费者对于“社交＋移动支付”的认知；支付宝也是围绕支付生态增加了蚂蚁庄园等社交功能，进一步强化消费者对其社交功能的认知。

5.3 变异：差异化定位

现如今市场中产品同质化严重，新产品想要打开通路，就需要打造差异化。如何打造产品差异化？如果产品只是简单地与竞品看齐，则很难撼动竞品的市场地位，因此就需要产品有区别于竞品的卖点。

差异化竞争是通过塑造企业产品、服务或品牌的差异来建立产品独特性的竞争方式，目的是提升消费者的使用感受，让其认为企业的产品或服务优于其他竞争企业。

无论企业是想用新技术、新算法还是新概念塑造差异化，其最终目的都是更好地满足用户需求。所以，营造差异化，必须从用户需求入手，研究竞品没有满足用户的哪些需求，然后依据此调整产品，如图5-2所示。

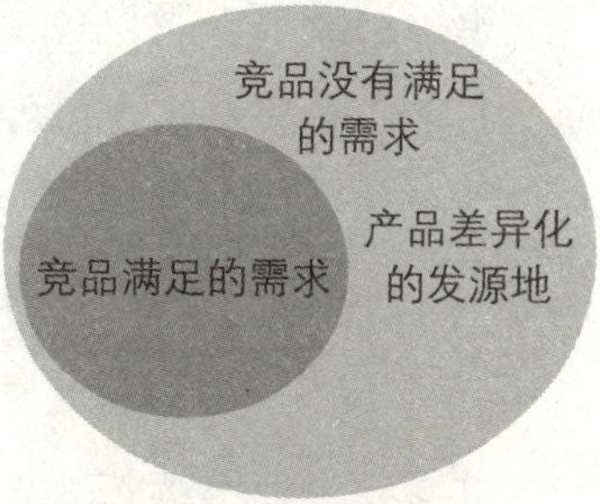

图5-2　用户需求图

现在市面上有许多打卡小程序，如小打卡、鲸打卡等，用户在上面设置打卡目标，然后每日完成目标之后在平台上打卡，这能起到激励和督促自身的作用。那么像这样的小程序如何实现差异化？首先我们要分析打卡平台的用户需求，如图5-3所示。打卡平台的用户一般有三个层面的需求，即打卡、养成某种习惯以及成就更好的自己。其中第一层需求是容易被企业捕捉的，其他两层需求需要企业自行探知，同时也是塑造差异化的关键。

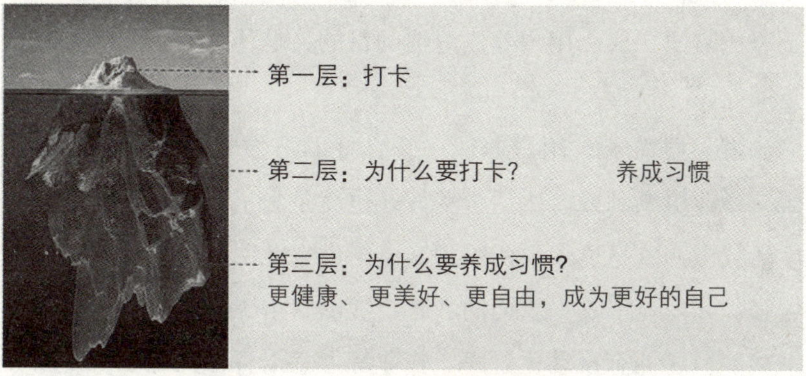

图5-3　打卡平台用户需求分析

第一层需求，用户想要一个有打卡功能的小程序。市场中的同类打卡小程序基本上已经把打卡功能做得非常完善了，无论是技术还是体验感。即使有一点瑕疵，企业也很难通过提升一点点体验感就让用户大范围倒戈，因为用户自身的迁移成本是很高的。

这需要企业继续拓展思路，对于打卡小程序来说，用户的第一层需求是打卡功能本身，那么深入去想用户打卡是为了什么？这就到了用户打卡的第二层需求。

第二层需求，用户打卡是为了养成某个习惯，达成某个目标，比如考研、学习英语、增加阅读量等。企业可以根据这一点挖掘更多有效信息，因为想要养成习惯，除了每天打卡之外，还可以做很多事。比如建立习惯养成体系、呈现目标完成进度、建立互动咨询社区等，都可以帮助用户更好地实现养成习惯这个目标。

接下来需要再进一步挖掘用户的深层需求，用户打卡的目的是养成习惯，那么用户养成习惯的目的又是什么？企业需要进一步探究。

第三层需求，用户养成一个良好的习惯，是为了身体更健康、学业更顺利或者生活更美好，也就是为了获得比现在更好的生活状态。这是更深层的需求，能帮助企业明确产品的产品价值主张。如鲸打卡是一款面向教育行业的打卡工具，它不止具备打卡功能，还拥有自动化题库、作业练习、语音评测等全场景教育功能，可以满足学生的多元化需求。

找到了用户的需求后，接下来就是给产品做差异化定位，抢占消费者的心智。这里必须要注意定位不是以产品为中心，而是以消费者为中心。具体可以参考以下8种定位方法。

（1）第一定位

任何领域都只有排名靠前的企业能够长期生存并持续拥有好业绩。成为第一是进入消费者心智的一种捷径，就像人们很容易记住世界第一高峰是珠穆朗玛峰一样，第一本身就是一个标志，很难被消费者从记忆中抹去。所以“第一”是企业与其他竞争对手形成区分的最为明显的标志。

（2）老二定位

如果行业第一太困难，或者市场中已经有了行业第一，也可以另辟蹊径，争取第二。例如，蒙牛在创立之初基本属于“三无产品”，即无奶源、无工厂、无市场。而且蒙牛与当时的行业第一伊利同城而居，又没有雄厚的资金，几乎占不到什么市场份额。

面对这样的困难，创始人牛根生采取了“迂回”策略，不与伊利争第一，而是以成为第二为目标。他借助伊利的知名度，给蒙牛定位为“内蒙古乳业的第二品牌，向伊利学习”。

这样甘于人下的姿态，却把蒙牛从一个“三无”品牌提升到了“一人之下，万人之上”的位置。在消费者心中形成了一种内蒙古乳业品牌伊利第一，蒙牛第二的认知。

这个定位帮蒙牛打开了市场，当时蒙牛实际上在全国的排名只有1000多位，但在短短几年就实现了其内蒙古乳业品牌第二的梦想，甚至在某些产品线如高端牛奶特仑苏有极高的知名度和销量。

（3）某一群体定位

企业很难开发一种覆盖所有人群的产品，许多产品都是“甲之蜜糖，乙之砒霜”。因此，企业可以换个思路，即只覆盖某一个群体，让产品成为这个群体心目中的第一。

例如，20世纪90年代，外国品牌高露洁和佳洁士进入了中国市场，占据了大部分市场份额，使民族日化品牌全面没落。甚至随着中华牙膏被联合利华收购，国产牙膏品牌几乎全军覆没。

这个时候国产中药老字号云南白药，率先走在了复兴国产牙膏品牌的前沿。相比依靠广告轰炸来建立品牌形象的外国品牌，国药老字号云南白药显然更加专业，令国人信赖。

在生产牙膏以前，云南白药就已经研发了缓解牙龈出血的云南白药易可贴，但产品的使用形式非常不方便。此后，云南白药根据消费者的使用习惯研发了新的载体“云南白药牙膏”。

云南白药以往一直被国人认为是止血神药，其旗下的创可贴、喷雾等产品一直广受好评。“云南白药牙膏”主打含有云南白药活性成分，定位为“药物牙膏”，专门针对口腔溃疡、牙龈肿痛的人设计，产品一经推出，就受到了口腔疾病患者的喜爱。

另外，云南白药是国家质检总局认证的地理标志产品，是商务部认证的第一批中华老字号。政府认证的加持使“云南白药牙膏”显得更加专业，也让口腔疾病患者更加信任。

（4）抢空挡定位

抢空挡即挖掘没有被开发的市场，从而避免与大品牌正面竞争，以此形成差异化。例如走“农村包围城市”战略的“非常可乐”，它把三线城市以及农村作为主要销售渠道，避免了在一二线城市与大品牌可口可乐与百事可乐的竞争。

（5）价格质量定位

价格质量定位是一种常用的定位策略，即以比竞争产品价格实惠来形成差异化。例如，一提到肥皂、洗衣粉，消费者就能想到雕牌那句“选对的，不买贵的”，雕牌一直走大众、平民化的产品路线，以极高的性价比和实惠价格为自我定位，成为“中国驰名商标”。

（6）文化定位

文化定位是利用某种文化属性诠释品牌，从而形成差异化。例如，脑白金被人们称作洗脑金句的广告语“今年过年不收礼，收礼只收脑白金”将产品与年节送礼这一习俗联系到一起，而且把目标受众从“需要补品的人”扩展成了“需要送礼的人”，成功地让脑白金与节日礼品画上了等号。

（7）利益定位

利益定位是从消费者的需求出发，主打产品能快速解决消费者的某个问题，从而产生差异化。例如，海飞丝主打去头屑，其所有的广告、宣传都在向消费者强化这一功能，使有头屑问题的消费者自觉倾向于选择海飞丝。

（8）情感定位

情感定位是用合适的情感引起消费者的共鸣，将产品与消费者的情感合为一体，从而让产品成为这种情感的代名词。例如，中国移动动感地带套餐的广告语“我的地盘听我的”，就瞄准了年轻人追求个性化的心理，让产品成为他们表达个性的工具。

5.4 创新品类：重新定义细分领域

在创新这条路上，企业一直在与同质化作斗争，但始终无法完全避免同质化。例如，某企业做了一个新产品，别的企业也可以跟着做，如果宣传投入更多，说不定分分钟就能超过创造该产品的企业。因此，企业想拥有绝对的销量优势，就要设置别人无法超越的天然屏障。

例如，同样做冬装，如果只改变衣服的设计风格，增减花纹样式，始终无法与竞争对手拉开差距。对此，企业可以通过增加竞争产品没有的概念，做一个新的产品类别。如其他企业做衣服的原料都是普通纯棉，你的企业则可以用彩棉，并设计一个彩棉系列，与原产品做区分，这样既丰富了品牌产品的类别，又为消费者提供了更多选择。

再如，当下美妆领域的品牌数不胜数，要想参与竞争，企业需要付出高昂的成本。因此，“爱在当下”定位于女性健康养护这一细分领域，由于该领域内并没有垄断品牌，所以专注于这一领域的“爱在当下”才得以迅速成长起来。

许多人都记得香飘飘那句“杯装奶茶开创者，连续六年销量领先。一年卖出七亿多杯，连起来可绕地球两圈”的广告语。香飘飘创立品牌的过程就是快速抢占消费者心智的过程。香飘飘的主营业务为杯装奶茶，因其冲饮的特性决定了其产品有明显的季节性特征，一般集中的销售旺季为10月到次年3月，显然这是不利于企业品牌继续成长的。

于是香飘飘在2017年推出了“Meco牛乳茶”和“兰芳园”液体奶茶，又在2018年推出了“Meco蜜谷”果汁茶即饮产品，调整其产品结构增加新品类，以缓解季节性的风险和压力。香飘飘如此便形成了固体冲饮、果汁茶、液体奶茶三位一体的业务版块。特别是香飘飘的“Meco蜜谷”果汁茶，不仅销量好，更是收获了“一天不喝不过瘾”的口碑。

香飘飘集团继“Meco果汁茶”后，又推出了“Joyko”代餐谷物麦片，进军代餐领域，拓展除奶茶、果汁以外的新品类。这是因为近年来，在年轻人群中掀起了健康饮食的热潮，代餐类产品的市场逐渐扩大。许多新兴品牌涌现，如“HONlife好麦多”“王饱饱”等。

香飘飘的这一举动使旗下产品又增加了健康食品的类别，因为其产品的核心都没有离开冲泡、即食、年轻化的特点，所以能为大多数消费者所接受。

在这之前，国内的杯装奶茶业已经形成了“香飘飘”“优乐美”“香约”“立顿”四国争霸的局面，互不相让又互相掣肘。香飘飘这一系列的品类创新，无疑坐稳了行业第一的宝座，其市场份额也从57%的增长到了62%。

但品类创新要立足于清晰的品牌顶层设计，盲目推出新品，反而会迷失方向，如娃哈哈的“啤儿茶爽”与“富氧水”。

“啤儿茶爽”主打“像啤酒一样酷爽，像绿茶一样健康”，而在喜欢茶和喜欢啤酒的消费者面前却都没有讨到好处，喜欢啤酒的消费者想要酒精的刺激，喜欢茶的消费者想要茶的口感和心境，而“啤儿茶爽”看似两者兼顾，实际上把两者的特色都失去了，让两方消费者都难对其产生好感。

“富氧水”主打“氧可以喝”的概念，其官网声称经CNAS（中国合格评定国家认可委员会）检测，产品中的含氧量为普通水的6～10倍，喝一瓶等于在森林散步两小时。而后邯郸市卫生监督所官方微博却辟谣称弱碱性水和富氧水改善体质的说法均没有科学依据。这让娃哈哈营造的科学概念，最终成了营销炒作的骗局，以至于产品被赶出了市场。

娃哈哈在饮料产品上做的品类创新显然有些急功近利了，在品类创新之前没有明确的品牌顶层规划，使得一些“四不像”产品进入市场最终只能以夭折收场。因此，娃哈哈要做的不是加法而是减法，专注核心品类的升级，才能获得更大的发展潜能。那么品类创新，需要具备哪些条件呢?

（1）品类创新必须符合消费者认知

如果品类创新后的产品设计、使用方式、消费情境与消费者固有认知相冲突，则可能造成消费障碍。消费者在做决策时一般习惯于优先按照自己的固有认知来选择，对于颠覆认知的产品，消费者接受起来会很困难。企业的产品品类创新如果与消费者的认知背道而驰，则很难创造出销售奇迹。

例如，伊利奶片是将干奶粉压缩制成的，这就是一种品类创新。伊利一开始将产品起名为干吃奶粉，依然陈列在奶粉区，然而在消费者的固有认知中，他们是排斥干吃奶粉这种方式的，导致产品上市后一直受冷遇。后来伊利调整了营销思路，把产品命名为鲜奶片，并创立副品牌“营养自由”，将鲜奶片归类为休闲食品，彻底与奶粉分离。为消费者建立营养能随时随地补充的概念，让产品最终符合了消费者的固有认知。

（2）品类创新必须解决消费者痛点

任何一款产品都应该是符合消费者需求的，因此品类创新必须直击消费者的痛点。然而，如何辨别需求，却成了企业的难题。企业在这方面很容易“想当然”，把跟风产品或新概念认为是消费者的需求，比如“啤儿茶爽”案例。

盘龙云海的“排毒养颜胶囊”就是一个切中消费者痛点例子，它利用品类名称满足了年轻女性爱美的需要，比起“综合调理胶囊”，“排毒养颜胶囊”显然要更具冲击力。

立顿推出的“袋泡茶”品类，打破了传统饮茶方式的局限，简化了传统茶叶的冲泡程序，解决了原先泡茶时间过长、茶渣不易处理等问题，让茶成为普通快消品。尽管优质茶叶无法适应立顿的泡法，但其却满足了都市白领对便捷性的需求，因此也能取得不俗的市场反响。

（3）品类创新必须提升消费体验

创新后的品类必须在消费体验上有所提升，才能获得消费者的认同，进一步推进产品销售。

江中集团主打养胃饼干的概念，以猴头菇为原料，推出了猴菇饼干、猴菇饮料等细分品类；福娃集团则主打健康食品的概念，以糙米为原料，推出了糙米卷、糙米蛋糕、糙米八宝粥等一系产品。两者都是以健康为概念切入细分领域，营造概念的同时注重产品口感，进而提升了消费体验。

提到江中集团，首先会想到健胃消食片等药用产品。但非处方药行业发展有限，江中集团就瞄准了食疗市场，跨界推出食疗饼干。猴菇饼干针对加班多、应酬多、饮食不健康的都市人群，主打养胃功能，同时又方便食用、易于携带，进而使消费体验成倍提升，成了企业新的增长点。

（4）品类创新必须引领趋势

品类创新还需要企业擅长洞察趋势，在复杂的市场环境中准确找到可以实现的商机。以食品行业为例，以前人们以温饱为需求，现在人们提倡健康、有机、绿色饮食，所以健康食品的销量不断上升，而碳酸饮料等不健康食品则销量下滑。另外在珠宝行业，传统珠宝业绩不断下滑，新兴珠宝如潘多拉等品牌却前景大好。

例如，伊利金典有机奶就是找对了行业趋势。近年来随着消费者对营养补充需求的提高，乳制品市场竞争白热化，伊利集团则瞄准了“有机产品”的市场前景。金典有机奶针对这一市场空白，主打“高品质、纯天然、无污染、有机”，满足消费者现阶段对于乳制品的诉求，一经推出便大受欢迎。

品类创新要以消费者的需求为中心，减少其学习成本，提升决策效率。只有提升消费体验，才能增加消费者黏性，为新产品找到更大的市场可能。

5.5 语言钉：一词定位，占据第一

语言钉是指代表品牌观点、价值、个性的词语或金句。比如“怕上火喝王老吉”“今年过年不收礼，收礼只收脑白金”等。语言钉就是用一句话将产品的个性全部展示出来，形成自己的标签。当然，其内容设计要精心打磨，不能空洞，要有针对性、有

说服力、有逻辑性。

简单即是王道，语言钉用一个词语或一句话就占领了消费者心智，显然是一种非常高效的宣传策略。就像消费者提到安全汽车就会想到沃尔沃，提到去屑洗发水就会想到海飞丝一样，这些品牌反复在消费者耳边重复“安全”“去屑”这些词，强化产品定位，用语言占据了消费者的心智。

随着社会的发展，中国的二手车市场逐渐兴起，优信、瓜子、人人车等平台打响了广告大战，而瓜子网却成为最终的赢家。相比之下，人人车请了黄渤代言，优信请了十几位明星代言，结果却都不如瓜子网广告中由两个普通人说出的“直卖”二字，直击消费者的痛点。

“个人车主直接把车卖给个人买家，车主多卖钱，买家少花钱，没有中间商赚差价，瓜子二手车直卖网。”这是瓜子网的广告语，它用最直白的语言，将“直卖”这个定位词语深深地钉进了消费者心中。

沃尔沃汽车自1927年创立以来，一直主打安全的概念，通过营销、广告等方式反复向消费者灌输这个理念。多年来，不管广告语如何更换，“安全”这个核心词却不曾更换。

例如，沃尔沃在广告中曾将7辆车叠加在一起，为了证明“Hardtop”坚固车身的口号；沃尔沃还在广告中展示过当沃尔沃汽车遭受最严重碰撞时，其车内环境依然是完好无损的；另外1996年沃尔沃发布“安全别针”的广告并配文案“一辆你可以信赖的车。沃尔沃汽车无论是过去还是现在，都备受车主青睐。”

这则广告更是获得了戛纳广告节全场大奖，这是广告界最高级别的荣誉，如图5-4所示。

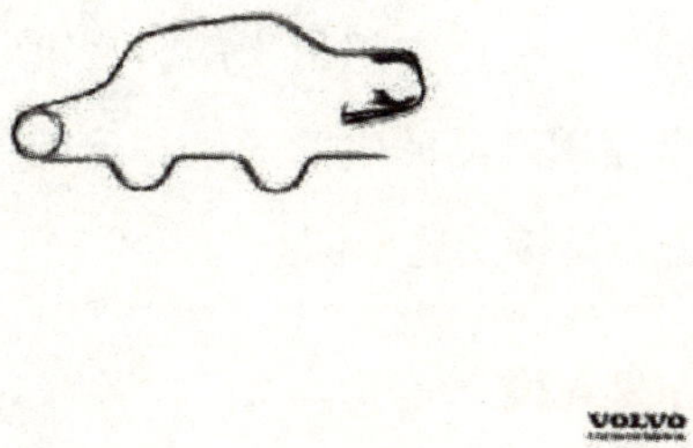

图5-4 沃尔沃“安全别针”广告设计

为什么沃尔沃会获得这样一个广告界的最高荣誉，仅因为这个简单至极的平面广告吗？是但也不是，更多的是因为沃尔沃十年如一日都在用心阐述“安全”这个概念，就像颁奖词说的那样：“与其说我们把全场大奖颁给了这个广告，不如说我们把这个大奖颁给了沃尔沃公司，以表彰它三十年如一日，坚持述说一个概念——安全。”

一个词语虽然简短，但它所带来的价值却是不可估量的，企业只要找到这个核心词，就能一词将品牌定位，然后只需不断向消费者强化这个词，就能给企业带来源源不断的客户。

一些品牌之所以能获得用户长期青睐，就是因为它们用一个词定位了自己，占据了行业第一的位置。例如，老干妈占据了“辣酱”这个词，星巴克占据了“咖啡”这个词，吉列占据了“剃须刀”这个词。这些关键词占据着消费者的心智，让竞争对手想要超越，比登天还难。

那么，如何制造语言钉，需要注意的点有以下4个。

（1）源于生活

品牌的核心词不能是凭空想出来的，一定要基于产品的某个特性或来源于某个使用产品的生活场景。这样可以让消费者产生强烈的代入感，更容易接受这个词。

（2）忠于品牌人设

品牌都有自己的人设，例如汽车行业不能把“美观”作为品牌核心词，因为这背离了其交通工具的人设，“美观”这个词显然并不核心。品牌核心词必须说出与品牌人设相符合的话，这样才能给消费者留下深刻印象。

（3）符合品牌形象的语言风格

品牌核心词的语言风格一定要与品牌整体形象相契合，不然会显得格格不入。如果品牌是民族企业老字号，则可以以“匠心”“历史”作为核心词；如果是高新技术企业，则可以主打“未来”“科技感”。这些词都是符合其品牌整体形象的，如果二者调换，则会让消费者有一种“违和感”而难以接受。

（4）要高于生活

品牌核心词要源于生活，说消费者听得懂的话，也要高于生活，语言比日常表达更加精炼与工整。如沃尔沃汽车的坚固、防撞、安全设计等功能，全被企业凝练成了一个词——“安全”，这个词高度概括了沃尔沃汽车的所有特性，更方便记忆，也更具传播性。

5.6 视觉锤：视觉鲜明，极简锚定

很多企业在建立品牌的过程中通常把视觉归入战术范畴，没有给予过多重视。实际上要建立成功的品牌，不仅需要“语言钉”，更需要“视觉锤”。

在如今这个信息爆炸的时代，比起大段的文字口号，给消费者留下深刻印象的反而是直观的视觉画面。比如在观看恐怖片时，那些成段的台词和背景介绍很可能在电影结束时就忘记了，然而那些恐怖的画面却能一连好几天都清晰地出现在我们的脑子里。再比如，一张小孩子的照片会比“孩子”这个词更能唤起人们的爱心。因此，品牌营销中要注意视觉对人的影响。视觉锤是将语言这个钉子钉入消费者心智的工具，其为品牌创造的价值有时会超过文字。

科罗娜是一款平价啤酒，当其进军美国市场时，额外在瓶子上加了一个酸橙的形象，以此向消费者传达这个品牌是正宗的墨西哥啤酒。这是因为墨西哥的酸橙最有名，品牌将这个带有地区特色的标志加在产品上，可以让消费者快速将产品与墨西哥联系到一起。

开发视觉对建立品牌非常重要，找到品牌的视觉锤具体有以下6种方法。

（1）形状

TARGET（塔吉特）是一个很有名的零售品牌，类似于沃尔玛，但沃尔玛定位大众化，TARGET的定位更加时尚。其主张无论线上还是线下，消费者都能从数千件商品中做出选择，主打目标概念。首先TARGET的中文解释是目标，它的品牌标志是一个靶心，如图5-5所示。

图5-5　TARGET品牌标志

然后TARGET把这个标志运用到店铺设计、包装袋以及吉祥物上，反复向消费者强化“目标”这一概念，快速在消费者心中建立了品牌形象。

（2）颜色

颜色也能起到推广效果，如麦当劳显眼的黄色“M”标志已经深入人心，如图5-6所示。快餐店一般都开在店铺林立的繁华街区，能不能让人们一眼认出很重要，所以就要提高品牌标志的辨识度。比起使用多种颜色，麦当劳这种像警告标语一样的明黄色显然非常有辨识度。

图5-6　麦当劳店铺标志

（3）产品

有时候产品自身就可以是视觉锤，比如劳力士拥有超高辨识度的表带，就是它独一无二的视觉锤，如图5-7所示。尽管有很多品牌在模仿劳力士的表带，但劳力士是第一个出现在消费者视野中的，已经占据了消费者心智。

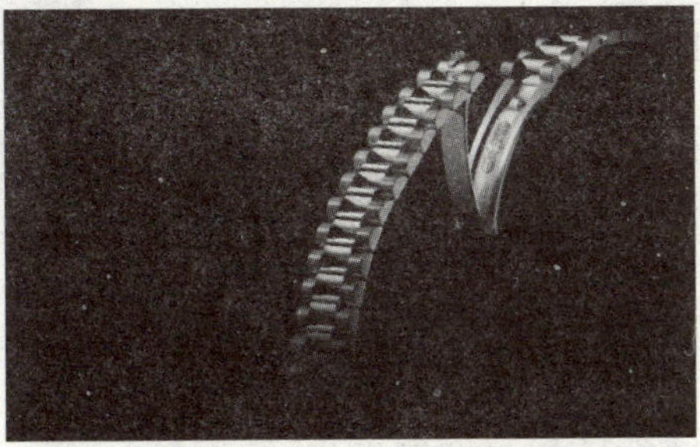

图5-7　劳力士的表带

（4）包装

有时候产品换一个包装就能在同类产品中脱颖而出。例如，伏特加为产品设计了一个新瓶子，如图5-8所示，定价比其他主导市场的品牌高出65%，创造了一个新品类，成为伏特加酒的第二品牌——绝对伏特加，成功赢得了全球消费者的喜爱。

图5-8　绝对伏特加的包装设计

另一个例子，时代啤酒利用了“啤酒＋玻璃杯”的视觉锤。一般消费者喝啤酒都喜欢用玻璃杯，利用这一认知，时代啤酒的广告中经常出现玻璃杯，并设计了一个口号“它不是普通的玻璃杯，而是盛杯”，使“时代啤酒＋玻璃杯”的形象深入人心，如图5-9所示。另外，时代啤酒还在销售时捆绑销售

图5-9　时代啤酒的
“啤酒＋玻璃杯”的品牌形象

广告中的玻璃杯，使产品更有辨识度，最终在美国激烈的啤酒市场竞争中获得了胜利。

（5）动态

随着短视频、互联网的兴起，动态效果逐渐取代平面走进人们的视野，因为这样让产品显得更有生命力。例如，亨氏番茄酱定位为最慢的番茄酱，意思是他们的番茄酱很黏稠，使用时流速很慢，从而向消费者传达他们的番茄酱质量更高、更加浓稠的信息。因此，亨氏番茄酱的广告设计都是以“慢”为核心的，如图5-10所示，以此让消费者记住慢这个动态效果，从而将其与质量好联系在一起。

图5-10 亨氏番茄酱广告片段截图

（6）符号

独一无二的品牌标志是最直观的视觉锤，如耐克的“对勾”、阿迪达斯的“三叶草”、苹果手机的“缺了一口的苹果”等。这些独一无二的Logo让消费者一眼就能识别出是哪个品牌。

这里需要注意，品牌标志最好是一个特别简单的图案，如奔驰和苹果的标志都设计得很简洁，但是像凯迪拉克这样的标志就非常复杂了，如图5-11所示，这样复杂的标志会降低视觉锤的效果，不易在消费者心中留下深刻的印象。

图5-11　凯迪拉克的品牌标志

5.7 创始人“言值”带来品牌新定义

许多人都有名人崇拜的情结，媒体和大众会更加喜闻乐见这些名人的故事，给予其更多的关注。很多品牌的创始人和品牌一样出名，如苹果公司的乔布斯、福特汽车公司的亨利·福特等，这种创始人的形象塑造，可以让品牌收获双倍的关注。

创始人自身的形象气质、言谈举止以及个人带动流量的能力，这些因素都会体现在品牌形象里。如搜狐的张朝阳曾全程彩信直播自己带领登山队登珠穆朗玛峰的过程，还曾当众表演摩托飞车等，虽然这些都是在刻意制造话题，但也为自己和品牌塑造了一个张扬、外放的性格。搜狐作为一个新闻中心和娱乐市场，与敢于冒险、积极挖掘新事物的创始人形象很匹配。

创始人的公众表现、言谈举止往往能给品牌带来很大的附加价值，一个好的创始人知道该说什么不该说什么，就像KOL（关键意见领袖）能用寥寥几句话就影响普通消费者的决策一样。创始人的某些行为可以拉近品牌与用户的距离，从而为品牌塑造的理念增加真实感。

5.8 百事可乐是如何超过可口可乐的

喜欢喝可乐的人都曾在货架前做过一个艰难的抉择，即可口可乐和百事可乐选择哪一个，因为两个品牌的粉丝数量都不少，二者甚至一直处于分庭抗礼的局面。可口可乐诞生于1886年，一经上市就征服了众多消费者，成了“饮料之王”。12年后百事可乐出现，目标是与可口可乐分庭抗礼，然而事实是百事可乐在初期曾两度处于破产边缘，丝毫撼动不了可口可乐的市场地位。

“二战”结束后百事可乐对可口可乐做出了第一次进攻，即百事可乐发起了价格战，那时候5美分只能买一瓶6.5盎司的可口可乐，却可以买到一瓶12盎司的百事可乐。简单的价格优势，让百事可乐在市场上站住了脚，此后在拓展中国市场时，百事可乐依然比可口可乐便宜。

1959年，美国博览会在莫斯科召开，百事可乐总裁通过与美国副总统的关系，成功让苏联领导人赫鲁晓夫品尝了百事可乐。一张赫鲁晓夫满足地喝着百事可乐的照片被全球媒体大肆报道，成了百事可乐最权威的广告，这让百事可乐成功迈出了开拓全球市场的第一步。

1960年，百事可乐针对可口可乐“传统”的形象，将百事可乐塑造成年轻人的饮料，主打“百事可乐新一代”的口号。那时候几乎所有的年轻明星都代言过百事可乐，其年轻热情的广告词也吸引了很多年轻人，直至现在，百事可乐依然主打年轻人的可乐这一定位。

20世纪70年代，百事可乐发起了与可口可乐的味道比赛。由于可口可乐比百事可乐先进入市场，消费者对其品牌印象更加深刻，为了颠覆这个印象，百事可乐大胆地做了一个实验。实验人员把百事可乐去掉商标放在包括可口可乐的其他品牌可乐中，随机找街上的路人品尝，让他们说出哪种可乐口感更好。最后百事可乐因比可口可乐多了7%的含糖量，在口味比拼上获得了胜利，此后有大批消费者倒戈百事可乐。

最关键的一次进攻是1977年百事可乐与餐饮知名企业合作，包括肯德基、必胜客等。虽然可口可乐也与麦当劳合作，但当时麦当劳在市场竞争中输给了肯德基，由此成就了百事可乐在线下餐饮店中的地位。

1990年，百事可乐在与竞争对手可口可乐周旋了92年后，终于赶上了它，并与可口可乐在市场上平分秋色，甚至在零售额上超过了对方。在1998年《财富》世界500强排名中，百事可乐位列第95位，获得饮料行业世界冠军，可口可乐排名在201位，为饮料行业的亚军。

现今市场消费者的变化越来越快，“多元化”生产是一个必然趋势。曾经，可口可乐凭借着一个绝对领先的品牌和模式，获得了在饮料届无法超越的地位。美国作家斯丹迪奇在《六个瓶子里的历史》中写道，“可口可乐瓶中装着20世纪发生的一切：消费资本主义的崛起和美国作为一个超级强权的出现”。

但近二十年间市场的善变程度远比100年前要大得多，一方面，信息更新迭代的速度加快，固有的观念很容易被推翻。有关“什么样的食品更健康”等问题一直没有固定的答案。另外一方面，技术更新使产品的迭代速度加快，消费者也因此越来越喜新厌旧。

毫无疑问，历史在不断上演。继20世纪90年代百事可乐超越可口可乐后，2013年苹果也超越了可口可乐，成为全世界最有价值的品牌。

如今的市场倾向多元化、灵活，消费者更喜欢能给他们带来惊喜的品牌。除了品牌的粉丝，越来越多的年轻消费者不再对这种碳酸饮料抱有热情，而想要更新颖的体验。可口可乐曾一度自诩为“向全世界提供能带来快乐的饮料”，却因为没把握好“糖”度，让百事可乐抢走了年轻人的心。

如今，对于可口可乐来说更重要的问题是：“到底什么能让消费者感到快乐？”可口可乐对于这个问题的答案，决定了其是否还能延续过去百年的辉煌。

第6章

用户体验原则：以用户为中心

“用户体验”是产品营销时都会提到的词，它是指除产品自身以外给用户带来的感觉，包括产品的快捷性、人性化等，这些都是用户体验后的感受。

产品的“颜值”设计要贯穿于产品的整个使用过程，只有“以用户为核心”的产品，才能打动用户，使其成为产品的拥护者。高颜值产品能将用户的使用过程塑造成一种享受，让用户与产品不需要相互适应，就能“一拍即合”。

6.1 可见原则

可见原则指用户在使用产品时能时刻了解自己的现在、过去以及未来的状态，包括“我所处的界面是什么”“我现在如何操作”以及“我下一步要干什么”等。产品的操作方式清晰明确，是用户对产品的基本需求。

如果产品状态不可见，会给用户带来困惑，进而影响其正常操作，从而降低用户体验感。因此，在用户操作时，产品的“即时”反馈很重要，要保证产品的响应时间小于用户能忍受的时间，并且清晰指示出下一步操作。

一般情况下，企业可以通过产品的可见原则测试产品具体的用户体验，包括产品的主要功能是否符合用户的认知等。

首先是检查产品的某个元素，如图6-1所示，找到产品的某个元素或功能反馈；看其表达形式与内容是否正确，比如是否表达清晰或是否与实际状态背离等；在判断清楚前两点后，结合用户的具体需求，调整实际状态。

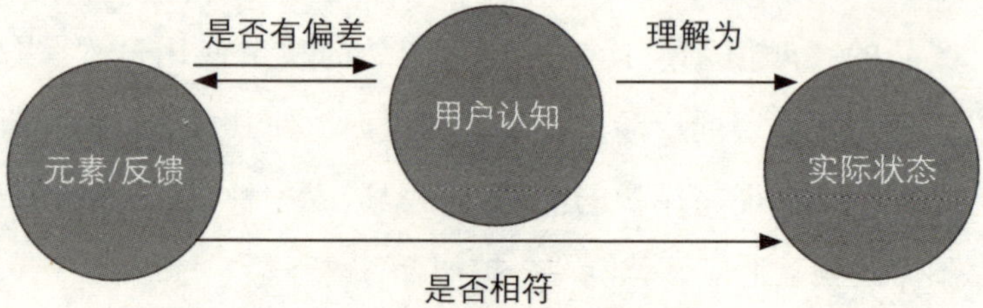

图6-1　检查产品的某个元素

其次是检查产品的整个流程，如图6-2所示，通过对产品的综合流程进行分析，从产品整体和分解的角度测试产品的用户体验。

图6-2　检查产品整个流程的用户体验

为产品设计可见原则时，需要用到一些必要的相关元素，首先是产品页面本身的相关元素，以某款基金产品为例。

（1）标题

标题需要告诉用户当前在哪，是在获取什么信息或者是在进行什么操作。通常标题表述要言简意赅，既简短又不能有歧义。

（2）文案内容

文案内容是通过语音或文字内容直接表达用户所处的状态。

（3）控件样式

控件样式是通过改变控件的样式来提示用户当前的状态，如图6-3所示。当登录按钮为灰色表明界面中还有未填完的信息，此时不能提交；当登录按钮变为蓝色，则表示登录界面中信息已经填好，可以执行登录操作。这个登录按钮的变化，可以让用户准确了解怎样填写信息才能达到要求，可以避免用户第一次使用产品时摸不着头脑。

图6-3　某款基金产品的登录控件变化

（4）进度条

对于操作环节较多或过度不自然的流程，需要产品配备流程图指引用户。第一是告知用户这一步骤的主要流程有哪些；第二是让用户知晓当前页面属于哪一个步骤，以帮助用户对当前的状态有一个清晰的认知。

①数字进度条

数字进度条是以数字的形式告知用户当前的进度，如图6-4所示。

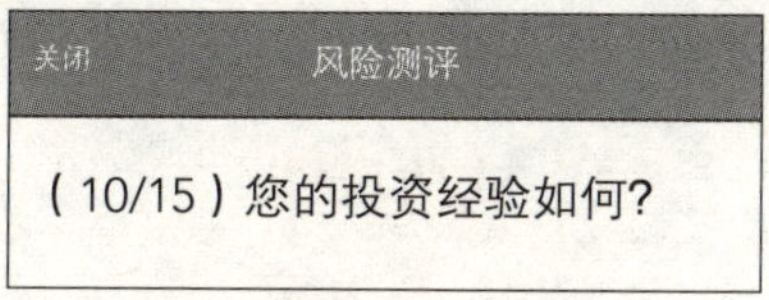

图6-4　数字进度条示例

② 加载条

加载条有两种，一种是无进度提示的，只告诉用户正在加载中，需要等待一些时间；一种是有进度提示的，明确告诉用户页面加载的进度，让其能自行判断加载时间。

③ 流程图

流程图是提前告知用户完成某项操作需要的环节，一般包括当前所处的环节、前后需要的操作等，以此让用户对整体操作流程有一个清晰的把握，如图6-5所示。

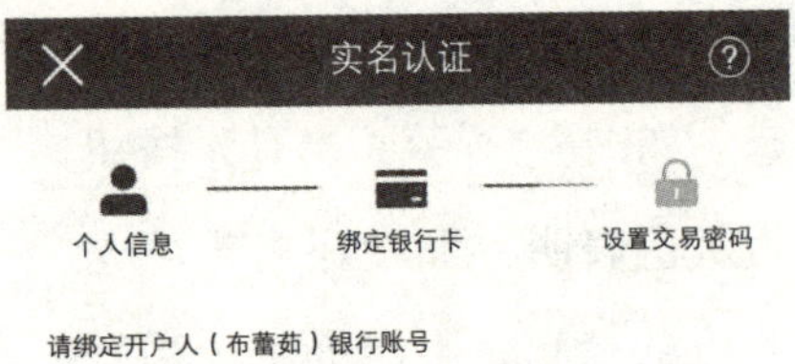

图6-5　流程图

产品元素表达的实际效果如何，需要结合用户的需求进行设计，而不是盲目地给予用户过多的提示。例如，如果每个环节都设计流程图或把所有的加载情况都一一告知用户，不仅会降低用户体验，而且会干扰用户获取主要信息。所以，遇到加载时间较短的情况，可以设计一个有趣的动效，让用户暂时忘记加载的事实，这比一直提醒用户加载的时间要更好。

用户进行操作后产品要及时反馈，让用户知道自己的操作是有效还是无效。反馈不仅包括可见的，还包括可听到的和可触摸的。例如，浏览器下载完成的提示音和手机打字时的键盘震动等。

（1）成功反馈

① 非弹窗反馈，如图6-6所示。图中在勾选之后会变成蓝色打

钩填充的状态，即告诉用户已经选择了这个选项。

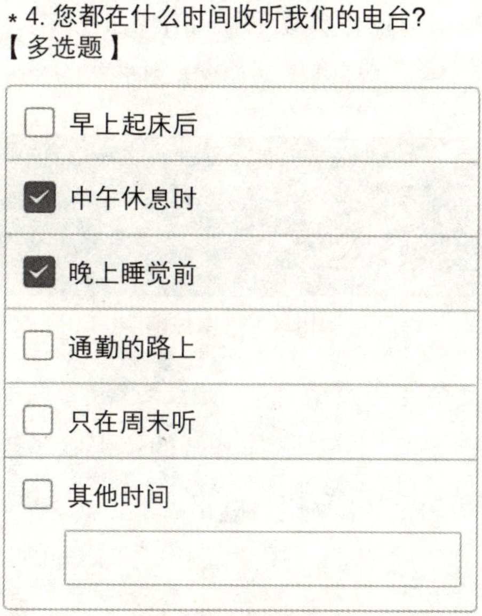

图6-6　非弹窗反馈

② 弹窗反馈，如图6-7所示。用户在关注完某只基金后，屏幕会弹出一个小窗提示用户已经“关注成功”，这个小窗一般持续1～2秒就消失，不会影响用户的下一步操作。

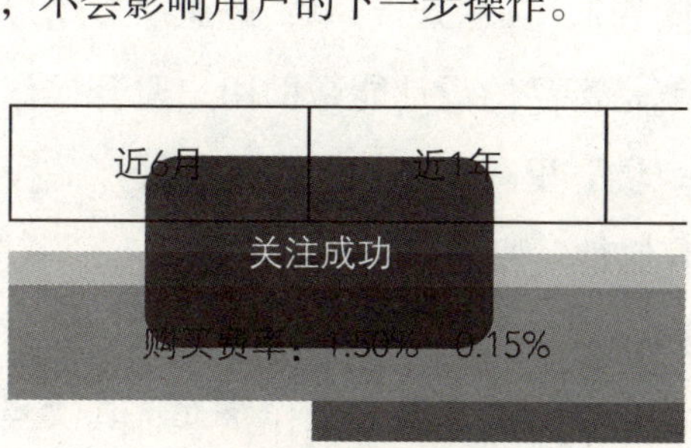

图6-7　弹窗反馈

（2）错误反馈

错误反馈是用户操作失误后产品给出的反馈，用户能据此修改上一步操作或重新进行操作，如图6-8所示。

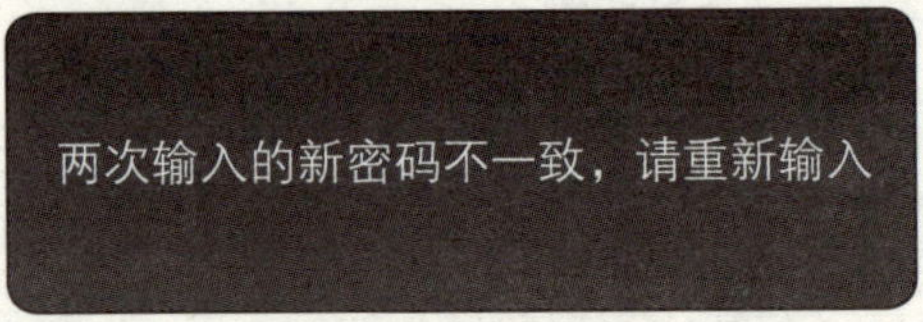

图6-8　错误反馈

除此之外，企业还要结合产品用户需求来判断需不需要将反馈信息调整得更详细。有的操作复杂的错误除了需要告诉用户错误的原因，还需要逐步指导用户修正。

6.2 容错原则

无论多完美的产品，用户在使用的过程中难免会犯错。但是一个好的产品能降低用户的出错率，进而缩短用户了解产品的时间。简单来讲就是产品的设计能帮助用户避开操作中的“坑”或帮助其尽快从“坑”里爬出来，并快速掌握产品操作的技巧。这就是产品的“容错性”原则。

容错性原则一般分为三个阶段，即引导、提示（报错）和解决。首先利用提示引导用户避开操作错误；其次当用户犯错后及时给予提示并出示解决办法。

（1）引导

狭义的引导方式有引导页、弹框、蒙层等，主要针对新用户，让他们快速了解产品的核心功能，从而掌握操作方法，如图6-9、图6-10所示。

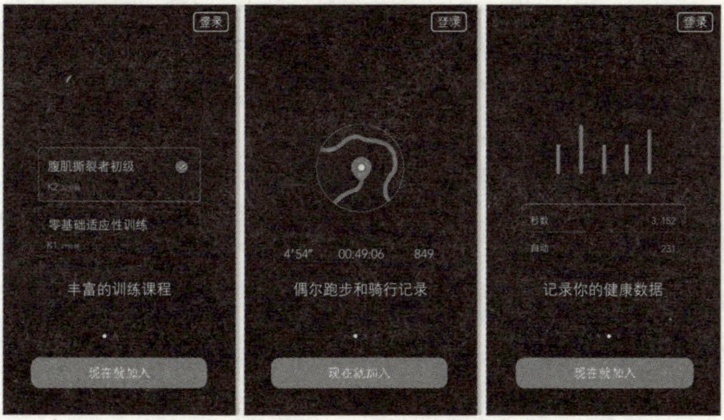

图6-9　引导页引导

图6-10　蒙层引导

事实上，引导方式不止限于此，还有输入框提示等引导方式。这种引导方式主要为了避免用户录入信息时出错，如图6-11所示，日期输入存在多种格式，如果产品没有输入框提示，则不能保证用户输入的日期格式符合系统标准，这可能会导致后续的操作失误，造成用户的不便。

以上方法用户仅停留在被动引导的阶段。用户操作的过程可以看作是其不断做决策的过程，为了避免用户在这个过程中犯错，必须让用户和产品设计者拥有同样多的信息，用户还

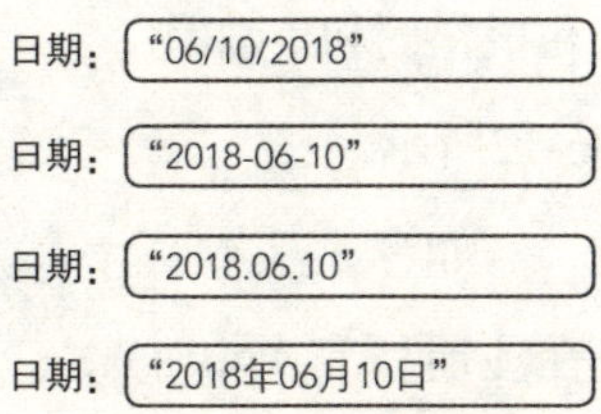

图6-11　输入框提示引导

需要被主动引导，从而主动做出正确的决策。

例如，用户网购礼物，想第二天就收到，所以配送时间的长短对用户很重要。如果用户已经完成了添加购物车、填写信息，提交订单时发现2天后才能送达，这时用户很可能会取消订单，但之前做的操作就都成了无效操作。为了避免这种情况的发生，产品的送达时间必须在用户添加购物车之前就展示出来，防止这种因信息不对称性而发生的决策失误。

此外，产品的文案设计也很重要，文案是用户重要的信息来源，如果表述不当很容易产生歧义。例如，在实名认证时，需要用户填写身份证的签发时期和有效期，但页面上如果只写“起始时间”和“结束时间”，很容易让用户不知道具体指什么。

（2）报错

如果引导失败，用户已经发生了错误，就需要产品进行报错，一般需要注意报错方式和报错时机，如图6-12所示。

如今，基本上在注册所有App时都需要输入手机

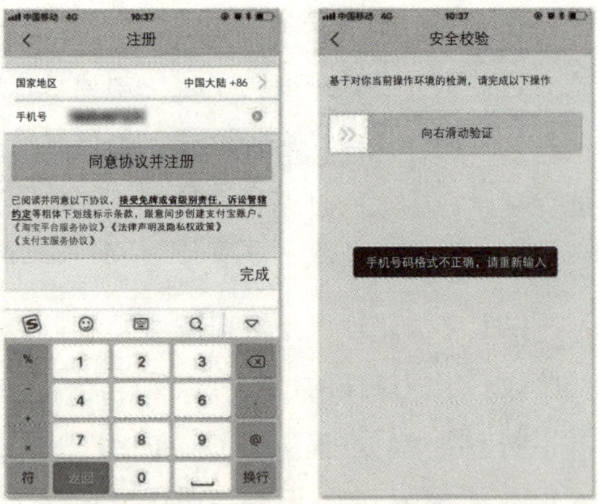

用户需要进入下一页才知道格式错误，反馈效率滞后

图6-12　手机号输入有误报错示例1

号，但在图6-12这个页面中，用户输完手机号进入下一个页面时才提示输入有误。这样的反馈效率明显很低，需要用户再返回前一个页面进行操作，增加了其操作的时间成本。

所以，产品在反馈时，一些低级错误应该马上反馈给用户，而不是让用户浪费自己时间去检查，这样会使用户体验大打折扣。例如，在输入手机号时，如果用户输入的数字不是以1开头，则立马报错，提示用户修改，如图6-13所示。报错时需要注意不要使用过激的颜色或形式，以免刺激用户的神经，引起用户的不良反应。

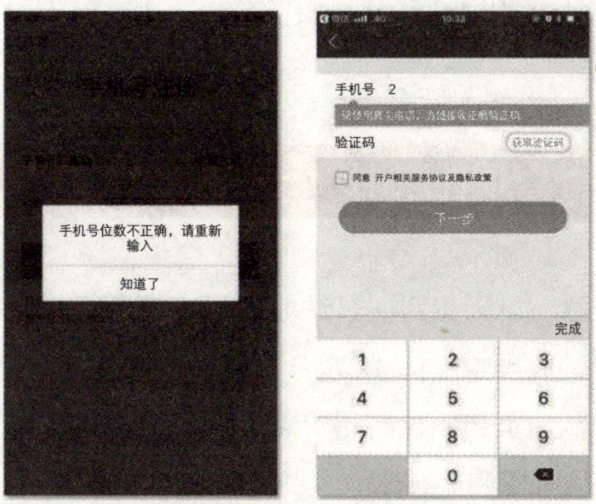

应该实时校验手机号格式，并及时反馈给用户

图6-13 手机号输入有误报错示例2

很多时候页面中不止一个空白项需要用户填写，那这时如何报错呢？一般可以采用逐行报错的形式，一个输入框与一条报错信息相对应，使报错更具指向性，从而节省用户查找错误的时间。

（3）解决

报错之后，产品需要为用户提供解决方案。为了方便用户操作，解决方案最好为其提供跳转链接，使用户的下一步操作更直接。

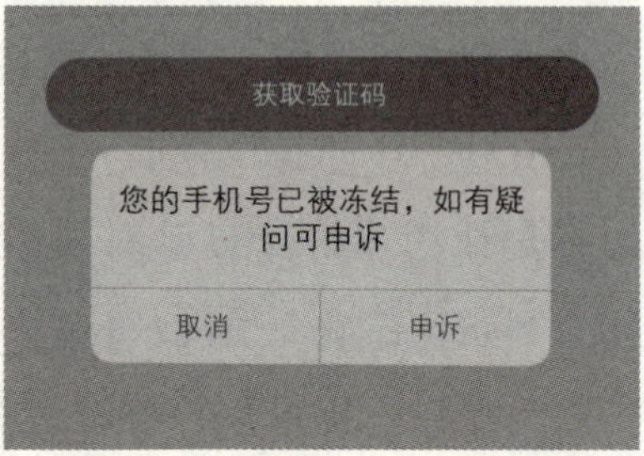

图6-14　解决方案的跳转链接

例如，如果用户的手机号被冻结，这时产品应为用户提供申诉渠道。如果是用户无法解决的问题，可以为用户提供客服的跳转链接，如图6-14所示。

6.3 一致性原则

产品一致性原则也叫一贯性原则，它是指产品相似的功能在不同页面中的表现也应该相似。产品设计遵循一致性原则，可以减少用户的认知负担，提高用户熟悉产品的效率，进而增加用户使用产品的愉悦感和流畅感。

产品设计的一致性原则一般表现在3个方面，分别是视觉一致性、行为一致性和感知一致性。

（1）视觉一致性

视觉一致性是指产品在视觉感官上保持一致，包括页面颜色、风格设计、字体属性等。

① 颜色一致性

颜色的一致性是指产品的主色调、辅助色、字体颜色、警告色等各种颜色都应该保持一致，而不是一个页面换一种颜色。例如支付宝的主色调是蓝色，所以其Logo、主色调、相关海报等都是以蓝色为主。

品牌的颜色是消费者对品牌的第一印象，就像麦当劳的明黄、芬达的橙黄、SUBWAY的绿色一样，品牌颜色会成为消费者识别品牌的一个依据，尤其对于多端产品来说，颜色的传承尤为重要。例如，淘宝的PC端和手机端的颜色是一致的，都是橙黄色。其他品牌也很少出现多端产品颜色不一致的现象。

随着时间的增加，产品的颜色可以巩固产品在用户脑海中的认知，比起文字内容，消费者更容易记住颜色或图像等视觉内容。例如，消费者走在马路上，远远看见一辆黄色的共享单车，会下意识认为它是美团单车，而非哈啰或者其他共享单车。这是因为美团单车从App到共享单车都采用黄色，黄色的共享单车是美团单车，已经是消费者的一个固有认知了。

② 风格一致性

为了降低用户使用时的“违和感”，在设计产品时应该只采用一种风格，如手机界面只能采用拟物化或扁平化中的一种风格，不能两种混用。当然，产品可以有很多主题风格，但不管采用哪种风格，都要保证一种产品只能应用一种风格。

③ 属性一致性

属性一致性是指产品相同层级功能的文字风格、图标尺寸、图片大小都应该是一致的。文字包括字体、字号、颜色、线条粗细等方面；图片和图标包括尺寸、投影、圆角或直角等方面。

例如，在文章资讯类产品中，用户很容易分清哪里是标题，哪里是内容，因为在不同的页面中这些元素的属性都是一致的，这便于用户形成固定印象，节省阅读的时间。

（2）行为一致性

行为一致性指的是产品需要在使用方法上保持一致，包括操作方法以及所在平台的操作习惯等。

① 操作一致性

操作一致性是指产品相同功能的操作方法应该是一致的，比如单击打开、右键删除、长按显示更多属性等。这些操作方法在其他操作页面也不能改变，否则容易让用户产生记忆困难，增加产品的使用难度。

例如，在iOS系统中，大多数删除操作都是左滑，如果有一个界面是右滑删除，用户就很容易犯错，而且用户还需再记住哪个页面是右滑删除，增加了操作的繁琐程度。

② 与所在平台保持一致性

产品设计要遵循其所在平台的特性。例如，如果为PC端设计一款产品，就要首先考虑PC端的特性，如屏幕大、网络稳定、多用点击操作等。如果为移动端设计一款产品，就要考虑移动端的特性，如网络不稳定、使用环境多变、多用手势操作等。另外，移动端又分为iOS、Android两种操作系统，不同系统下某些操作的表现也不一致。

（3）感知一致性

感知一致性是指实现基本功能的方法应该是一致的，这能让用户自行感知操作方法，包括按钮的位置、文本提示语等。

① 位置一致性

位置一致性指的是页面中的相同功能应该在同样的位置上，以方便用户快速进行操作，包括操作的位置、不同页面元素对应的位置等。

例如，手机应用的列表管理功能，用户通常都是点击右上角的管理按钮，然后勾选需要进行移动、删除、分享等操作的内容，最后点击移动、删除或分享键。产品需要统一列表管理功能的操作位置，使用户形成习惯，能条件反射地进行操作。

② 文本一致性

文本一致性指的是页面中表示相同功能的文字应该保持一致，包括操作提示、辅助信息、功能按钮等。

提示语和辅助信息主要在语气上、用词上要保持一致。以B站为例，如检索结果为空会提示“什么都没找到啊T-T”，加载中会提示“正在玩命加载数据……”等，这些提示语的语言风格轻松幽默，符合B站主打的二次元风格。

如果是严肃正式的理财产品，就需要风格正式的提示语。如加载中会提示“数据加载中，请稍后”，功能未开放会提示“××功能未开放，敬请期待”等。

操作提示是用户操作时的反馈用语，如操作成功、操作失败、已添加等。例如，当用户添加新内容操作成功时，如果提示“添加成功”，那么在删除内容时要提示“删除成功”，而不是“已删除”。

功能按钮的表述一致，是指在一个产品中同一个功能按钮要尽量用同一种术语，避免用多种术语混淆用户的认知。

6.4 防错、防呆原则

产品设计要配以防错设计，即通过设计让用户规避操作之前就能避免的失误。比如USB接口如果弄错了正反面就不能插入，但从用户体验来讲，USB接口的防错设计，体验感并不好。每次插入时都需要调整两三次，严重影响使用效率。因此，产品不仅需要有防错设计，还要注重防错设计的体验感，这样才能提升使用效率，增加用户的好感度。

传统观念认为防错是产品生产部门的事，但实际上防错先是设计部门的事，然后才是生产部门的事。下面是产品防错设计的设计方法。

（1）有且只有一个正确位置

产品应保证只有一个正确的装配位置，如果相似的产品有多个装配位置，则要用防错设计确保它们不会混淆。

如图6-15所示，左边的设计很容易混淆A、B、C三个插口，需要用户额外记忆特定插口的名称再与插入物相对应，而右边的设计只要把不同的形状插头与插口一一对应就可以，即使是初次使用也不容易出错。

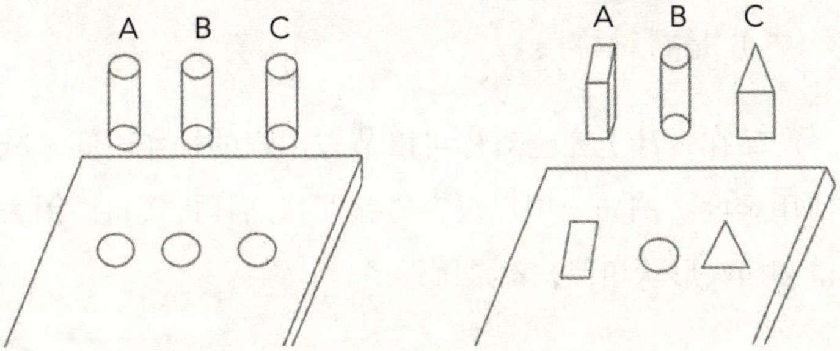

图6-15　有且只有一个正确位置的防错设计

（2）特征明显

防错设计的特征越明显防错效果越好。如果特征不明显，就需要用户反复进行操作，不仅会耗费大量时间，还可能损坏产品。

（3）合并相似

产品中相似的功能可以进行合并处理，这样不仅可以解决产品功能相似易混淆的问题，还可以节约成本，使产品整体更加简洁。

（4）夸大不相似性

产品太过相似会造成混淆，增加用户区分的时间，提升操作失误的概率。如果二者不能合并，则需要夸大它们之间的不相似性。只有产品绝对独特，才能降低用户寻找产品的时间，避免操作失误。

（5）提高对称度

产品在设计上完全对称可以节省用户的操作时间，减低产品的使用难度。例如，用户很容易就能找到耳机接口，因为耳机的接口和插头形状相似，都是圆形。

（6）夸大不对称性

微小的不对称性可能导致用户频繁操作失误，因为用户会下意识按对称性的思维去操作产品，难以短时间形成另一种习惯，容易降低操作效率。因此，如果产品需要设计成不对称的样式，设计者则要夸大这种不对称性，让用户一目了然，如图6-16所示。

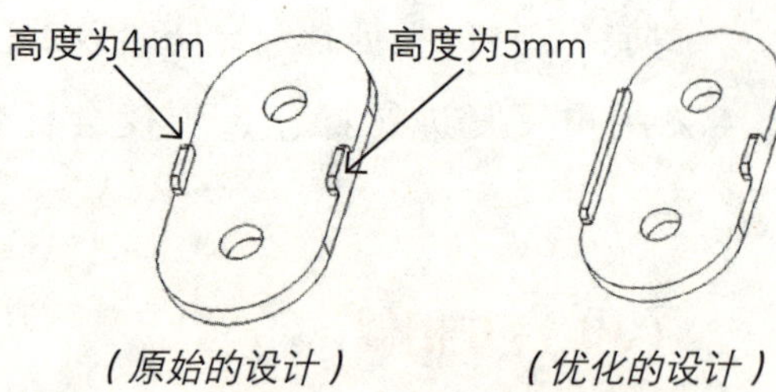

图6-16 夸大产品的不对称性

（7）明显的防错标志

如果产品很难设计防错特征，那么可以从产品的外形入手设计防错标志，这些标志要足够醒目，利于辨认，如夸张的符号或鲜艳的颜色等。

（8）不用防错是最完美的防错

如果用户在操作一个产品时总是出错，这无疑会使产品使用感大打折扣。例如，用户购买一根电源线，产品的防错设计不好，致使用户总是浪费很多时间去调整错误，那么用户很可能不会再购买该产品了。

例如，USB 3.1接口提高了零件的对称度，正反都可以插，免去了用户调整正反的烦恼，大大提高了使用效率，如图6-17所示。

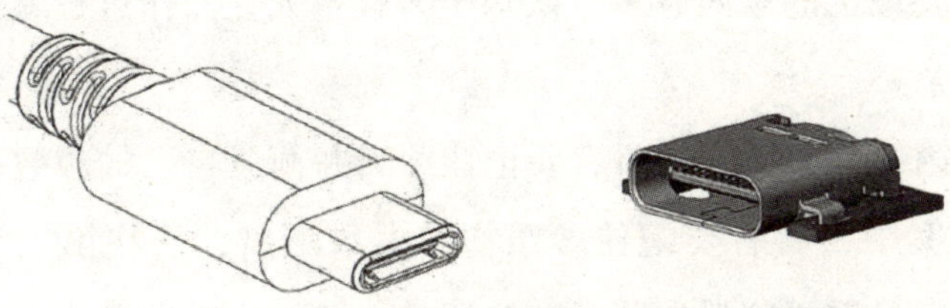

图6-17 USB 3.1接口

6.5 协助用户记忆原则

有时产品的功能太过繁复会增加用户记忆的难度，降低使用体验。比如在问路时，对方回答：“往前走100米，然后右拐走20米。”虽然说清了大致的方向，但听者在实际寻找的过程中却很难丈量自己已经走了多少米。

而另一种回答：“往前走100米，第二个路口经过肯德基后再左拐走10米。”尽管比第一种表述要复杂，但多了一些明确的参照物，会使听者更容易辨别。

当然，最好的指路方式是有一张清晰的地图，可以边走边看，不用数距离，也不用记住有哪些参照物，寻找起来会更加轻松。

这几种表达为什么会存在差异？不仅是因为精确度不同，还因为这几种方案所带来的记忆负荷不同。所谓记忆负荷，就是用户在使用产品时，付出的记忆成本。产品设计越复杂，用户的记忆成本就越高，掌握使用方法的过程就越长。在完成任务的过程中，需要记忆的东西越多，认知压力就越大，操作过程就会被认为越复杂。

在第一种方案中，听者要记住距离并衡量自己的步数；在第二种方案中，听者要记住参照物和大致距离；而在第三个方案中，听者只需要依赖地图，随时调整自己的方向即可，不需要记忆。显然第三种方案的记忆压力最小，几乎不需要记忆，所以听者会觉得这种方案最好。

显然记忆负荷的减轻，可以优化产品的用户体验。例如，从前的遥控器都有很多功能按键，很多人尤其是老年人需要花很长时间才能记住每个按键对应的功能，如图6-18所示。

图6-18 从前遥控器的设计

图6-19 现在遥控器的设计

如今，为了提升用户体验，一些厂家对遥控器的设计做出了调整，取消了多按键的设计，采用更简洁的布局，省去了用户记忆按键功能的时间。无论是从美观程度还是使用感受上，都有了很大提升，如图6-19所示。

从产品设计的角度来说，如果用户使用产品时，需要承担很大的记忆压力，没法轻松掌握产品的操作方法，很可能会中途放弃，选择使用其他产品，这样就造成了用户的流失。因此降低记忆负荷，就是提升用户体验。如何降低记忆负荷，可以从以下3个方面入手。

（1）减少抢占注意力的事物数量

某一时间内吸引注意力的内容太多，用户就会很难集中注意力，更别说理解产品的操作方法了。优秀的产品设计，可以帮用户集中注意力到某一点上，加深其对产品的记忆。

① 增强视觉对比

如果设计两张表格，一张把边框加粗，一张虚化边框，那么哪张表格更利于用户记忆表格内容呢？答案是虚化边框的表格更利于记忆内容，原因是加粗边框的表格强化了边框和内容的对比，使用户无法专注于内容，因此就降低了记忆的效率。

② 减少展现的信息量

产品页面中展现的信息越多，用户就越无法集中注意力，因此要减少产品展现的信息量。例如，谷歌的首页极其简洁，只有一个搜索框，用户进入页面后会优先开始搜索操作，而不是被别的功能吸引。这种产品能让用户自然集中注意力，非常清晰舒适。

③ 非主要功能只在必要时展现

产品在设计时要优先向用户展现主要功能，而一些非主要功能则可以隐藏起来，只在必要时展现，以集中用户的注意力。例如，一些电商平台一般只显示商品的基本信息，而在鼠标悬停时才会显示商品的具体信息，如库存、产品参数等。这样既能满足用户深入了解产品的需要，又能避免太过复杂的信息干扰用户的注意。

（2）减轻短时记忆的压力

用户在挑选产品的过程中经常需要临时记住一些信息，如产品所在的位置、产品基本参数、当前查询的信息等。好的产品要尽量帮用户减少这些需要临时记忆的信息，提供更优的用户体验。

① 验证码自动填写

产品在注册时经常需要用户填写验证码。用户想要填写验证码，需要先查看短信，记住验证码，然后返回产品页面再进行填写。验证码一般有5～6位，对于一些记忆力不好的用户着实是个挑战。

对此产品可以设计自动读取验证码的功能，或提示用户一键复制验证码，这样可以省去用户记忆的过程，进一步提升用户的使用体验。

② 搜索建议

用户在进行搜索时，需要临时记住自己的搜索内容，这也是一种记忆负荷。对此很多产品的搜索功能都提供搜索建议，根据用户输入的当前内容，给出相关的关键词。这样的设计，一方面提升了输入速度，另一方面也减轻了记忆负担，用户不再需要精准地记忆搜索内容，只需要记个大概即可。

③ 动态提醒

用户对一些重要的信息变化，会反复查看，例如股票行情信息等。为了在第一时间作出反应，用户就必须记住每一次信息变化的时间，然而这是一件很麻烦的事情。

用户靠自我提醒来追踪信息，需要承担很大的记忆压力。产品如果能自行监控信息，在信息变动时及时提醒，这会省了用户不少麻烦。例如，当某只股票的价格跌了1%后，系统就会以短信或其他方式提醒用户，这样不仅不会打扰用户，反而会提升产品的体验感。

（3）降低长时记忆的难度

如果用户需要精确且长时间记忆产品使用功能，会给用户造成非常大的记忆负担，甚至需要经过特殊训练才能使用，这样产品很容易流失用户。相反，如果产品的记忆成本很低，用户则会逐渐依赖产品。

① 无需记忆的Airpods

Airpods是苹果推出的一款无线耳机，它只需要打开盖子就能和手机配对。配对完成后，用户戴上耳机就能自动连接蓝牙，收好耳机就会自动断开蓝牙。

这个操作过程非常贴心，不需要用户刻意记忆或者重复操作，其操作方式完全贴合用户的使用习惯，与其他需要复杂操作的无线耳机相比，体验感要好得多。

② 解锁功能的进化

锁屏是每款手机都带有的功能，最开始很多手机使用的都是密码锁屏，需要用户记住至少四位数的密码，不仅操作麻烦，还有一定的记忆负担。后来，一些手机推出了手势解锁，用图形代替数字虽然降低了记忆成本，但依然需要用户刻意记忆。再后来，手机拥有了指纹解锁和面部识别功能，彻底不需要用户刻意记忆，在提高安全性的同时，也完全消除了用户的记忆负担。

6.6 简约易读原则

乔布斯曾说过：“一旦做到了简洁，你将无所不能。”消费者都喜欢简约易读、适应性强的产品，所以，好的产品在功能设计上都是非常简约的。但简约不意味着粗糙低劣，也不意味着毫不美观，而是剔除其他不必要因素，让用户可以进行“傻瓜式”操作。

对此，产品要注意揣摩什么样的体验对于用户来说才是最简单的？直接满足用户的需求，对于用户来说就是最简单的体验。对此，企业需要仔细解读用户的行为，思考如何最有效地满足他们的需求。

那么应该如何解读用户？很简单，从了解用户真实的使用环境开始。用户在使用产品时经常会受到环境因素的干扰，如家、公司、户外等，环境不同，干扰因素也不同。因此，产品的设计必须能适应这些干扰因素。

但只注意用户使用环境是不够的，不同类型的用户在同一个环境中使用同一种产品，会有不同的感受，所以解读用户还要“对症下药”。用户一般分为三种类型，即专家用户、随意用户和主流用户。

专家用户是指愿意深入探索产品，并且愿意投入时间研究新产品，经常会给产品提出各种建议的人。这类用户经验丰富且专业，深谙产品的相关知识，但数量上较少。

随意用户是指用过相似产品，有一定兴趣使用更高级的产品，却排斥接触新东西的人。所以他们会要求产品的新功能必须简单，不付出学习成本就能掌握，这类用户也相对较少。

主流用户是指人数最多的一类用户群，他们使用产品是因为有某种需要，而且只会在需要的范围内学习某些功能，不会深入研究，也不会主动探索新功能。例如，一些公司会要求员工能简单操作办公软件，使用一段时间后，有些人可能掌握了一些高级技巧，但大部分人还只会一些基本的操作。

因此，这些主流用户的需要应该是产品设计专注的方向。例如，福特的T型车以平民大众汽车为定位，它的核心理念是："我们要为大多数人制造一辆汽车。这辆车足够小，哪怕一个人也可以驾驶它、修理它。我们要为它设计出最简单、最先进的引擎，然后再投入生产。但这辆车的售价却非常低，不会有人因为工资不高而买不起它。"

显然福特T型车的理念针对它的主流用户，小巧别致、高性能、低价格，没有花哨的附加属性，只为满足绝大部分人的代步需求，非常适合其以工薪阶层为受众的定位。

简约的产品设计就是直接将产品与用户的需求相对应，对此，设计者要适当忽略掉专家用户的意见，因为它会让产品变得极其复杂；同样也要适当忽略掉随意用户的意见，因为这会让产品变得毫无特色。

那么如何做出一款真正的简约化产品呢？首先它要看起来简单大方，其次它的操作不能太枯燥，最重要的是，它要切中用户的痛点。下面介绍四个简约设计的常用策略。

（1）删除

杰克·莫菲特曾说："坏的可以修好，但是次品永远存在。"对于那些不必要的、有残缺的功能，在设计时一定要果断砍掉，即使曾经在上面花费了很多时间。在审视产品功能设计时要从"为什么去掉它"变成"为什么留着它"，产品只需要把最有效的功能呈现给用户即可。

① 聚焦核心功能

产品设计要针对用户的核心需求，聚焦核心功能，所以在删除一项功能时要仔细考虑其对用户的影响，避免删错。但也不要因为求全心理而止步不前，删除边缘功能是为了使产品更符合大多数人的需要，虽然要尽可能地听从用户的意见，但也不能盲从所有用户的意见。

② 给功能排优先级

确定具体功能是保留还是删除的最好方式是为所有功能排定优先级，按照用户的使用侧重，为所有功能排序，主要满足用户最主要的需求。

③ 让用户少做选择

过多的选择和自主权反而让用户无所适从。对此产品需要减少功能选项，让用户少做选择，以便用户理解。

最后需要注意，不要为了简约化设计而删除过多元素，产品除了要保留核心功能外，还要保留一些主要场景。如没有一个按键的电梯反而会让用户没有安全感，如图6-20所示。

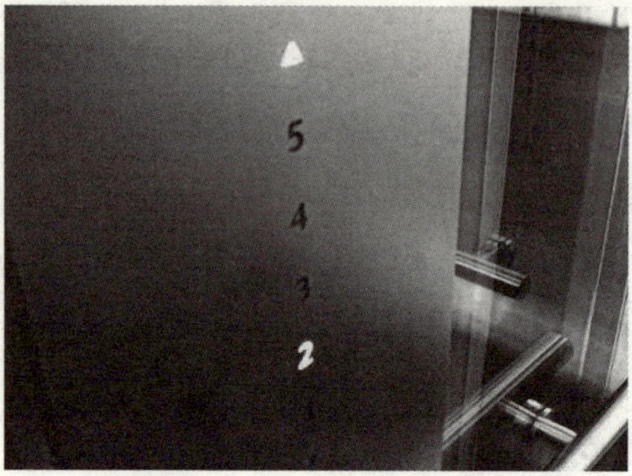

图6-20　没有按键的电梯设计

（2）组织

组织是最快捷的简约化设计方式，它只要按照既定的标准对产品功能进行重新布局即可，不需要像删除一样需要对功能进行筛选。

① 分块

分块是指把组织项数量压缩到“7 ± 2”的范围，因为这一数字是人脑能够瞬间记住的项目的数量范围，有些人实际上记住的还要更少，所以功能项目的数量超过这个范围，很可能造成用户的记忆压力。

② 分类标准清晰

产品的分类选项一定要清晰明了，让用户能快速准确地从分类选项中定位所需功能。

③ 搜索的使用

如果产品无法提供有效的导航和分类选项或者内容储存过多，这时设计一个搜索功能就非常有必要了。虽然搜索不是用户的第一选择，但当面对类似于从曲库中找到一首歌这样的需求时，搜索比浏览更有效率。

④ 时间和空间

时间和空间是一种常用组织方式，有些持续时间接近的活动，适合按时间来组织。有些需要反映路径的活动，则需要按空间来组织。

⑤ 网格

元素布局清晰，会让用户从视觉上觉得产品的设计简洁。对此，设计者可以利用网格进行组织，但要避免太过死板，以免让用户觉得受限制。

⑥ 大小和位置

元素展现的位置和大小是最直观的设计，不同的位置和大小可以直接彰显元素的重要性。

⑦ 分层

将不同的元素分层，可以让用户更容易专注于一个具体的元素，如地铁路线图，利用分层技巧，让用户能很容易专注查询一条地铁线路。

（3）隐藏

用户认为产品太复杂有时是因为被页面上过多的元素分散了注意力，对此可以隐藏一部分功能，帮助用户集中注意力。隐藏是一种低成本的简约化设计方案，不需要删除也不需要重新布局，但要仔细思考什么功能需要藏起来。

① 不常用但是不能少

有些功能主流用户不常使用，但为了产品的完整性，在设计时又不能删除，这时就需要把它们隐藏起来，如产品选项、信息设置等。

② 自定义的功能

主流用户一般以解决需求为优先，不会在自定义功能上浪费太多时间，这样做不仅耗时，而且如果产品更新还要重新设置，反而麻烦。所以，要把这个选项隐藏起来，不要轻易引导用户去自定义功能。

③ 渐进展示

主页面只保留主流用户关注的核心功能，其他功能都通过拓展图标隐藏起来，这样不仅页面简洁干净，同时也方便用户查找。

④ 阶段展示

随着用户使用过程的推进，产品功能要逐渐展示给用户，但是展示的时机要符合用户的使用习惯，才能达到最佳的展示效果。

⑤ 适时出现

在用户使用产品的过程中，在合适的时机合适的位置显示对应的功能，这是比较理想化的想法，这需要产品对用户的使用路径足够了解。

另外，为保证用户顺利使用产品，隐藏功能需要设计得容易发现，最好是在页面中留下指向性明确的线索，否则会影响用户的正常使用。

（4）创造开放式的体验

让产品的一个组件拥有多种用途也是一种简约化的设计策略。如汽车挡风玻璃的加热电阻丝也是收音机天线；以前电脑上的耳机插孔是声音和通话分开的，而现在已经合二为一了。

① 同时满足专家和主流用户的设计

简化的最高境界是让用户需求只有一个，让专家用户和主流用户都觉得好用。例如，对于菜刀，专家用户和主流用户的区别在于其技术水平不同，但他们对产品功能的需求是一致的。

② 让计算机去处理数据

对于一些需要用户输入内容的场景，数据格式规范是一个困扰很多人的问题。如日期、字体、颜色等，如果让用户自己去设置这些格式，无疑会导致重复操作，但如果让计算机处理可能就只需要几行代码。所以尽量不要把计算机能代替的工作留给用户自己处理。

6.7 帮助和提示

用户提示是引导用户的重要环节，它可以帮助用户更加高效地完成目标操作。用户提示需要考虑使用时间、使用场景和网络状态等，这是提升用户体验感的关键一环。

基于用户的认知成本，可以按交互体验的轻重将用户提示分为很多类型。不同类型的提示作用于不同的功能，其显示方式也有很大的差别。所谓交互体验轻重指的是用户提示有没有影响当前用户的操作，或需不需要对提示本身进行操作等。

按交互体验由轻至重的渐变，可以把用户提示大致分为以下5类。

（1）消息类提示

消息类提示是影响最轻的交互提示，比如短信列表中未读短信旁边的红点或数字就是消息提示。它的作用是提示用户未操作的信息或已更新的信息。大多数内容产品或社交通信软件都会应用这种提示，如QQ、微信、微博、淘宝等。

（2）浮层类提示

浮层类提示也是影响较轻的交互提示，通常以页面浮层的形式提示用户，而非改变整个界面，基本作用是额外说明或校验文本以及对部分内容进行补充显示。

还有一种浮层提示，用于指导产品的功能特性。如在微信聊天窗口点击“+”会出现“你可能要发送的照片”的浮层提示，这种浮层提示既能搭起一条完成任务的捷径，又减轻了用户操作负担。

（3）弹窗类提示

弹窗类提示是一种影响较轻的交互提示，作用是显示信息，有一定的显示时间但没有按钮，时间一到就会自动消失，不会对用户当前的操作造成影响。

如图6-21所示，支付宝在用户付款成功后会出现“付款成功”的弹窗，这个弹窗一般会停留1~2秒，不会影响用户的后续操作，目的只是给用户一个“付款成功”的正向反馈。

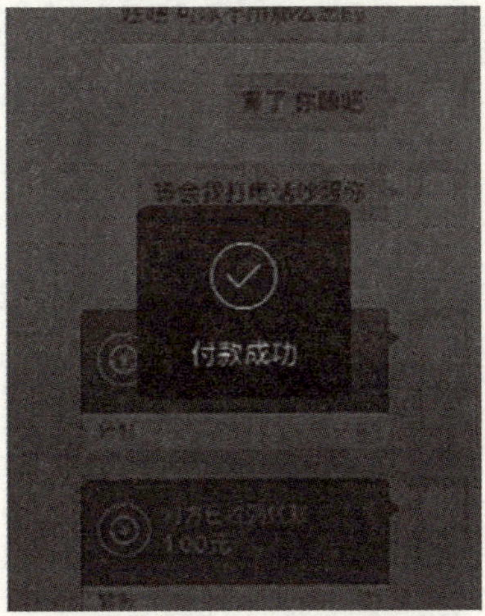

图6-21　支付宝付款成功页面

还有一种弹窗是对话框式的，关闭时需要用户对弹窗内容进行操作，这一点带有强制性，因此这是一种影响中等的交互提示。例如，软件关闭时的二次确认或选择类对话框都属于对话框式弹窗。这既是一种避免用户操作失误的方法，也是增加用户在产品中停留时间的方法。一般情况下，只有单击“确认”才能退出，而单击“取消”或右上角的“×”都会留在当前界面。

（4）嵌入类提示

嵌入类提示是一种影响较重的交互提示，通常是直接融入页面布局中，与弹窗提示相比，嵌入提示的内容常与页面一致，用户在浏览页面时会自然受到影响，从而达到交互的目的。嵌入类提示多用于广告宣传或者新产品介绍等推广内容。

例如，微博首页采用轮播图的方式插入广告，以吸引用户的注意力；朋友圈广告则是模仿朋友圈的形式将广告插入朋友圈中，让用户无法立即区分朋友圈和广告内容，基于用户的朋友圈使用习惯，用户会不自觉地点击广告内容。

另外，还有一种全局嵌入类提示，也是一种影响较重的交互提示。一般是通过覆盖全页面的方式来全局嵌入，多用于页面启动广告页等蒙层类广告。

这些广告页一般会持续3～4秒，且有计时提示，不会浪费用户太多时间，但用户在这3～4秒中只能观看广告，因此会对广告内容留下深刻印象。

（5）错误提示

错误类提示是影响最重的交互提示，因为用户在收到提示后往往就无法操作页面了，例如网络连接错误等提示。

根据提示的分类，产品设计要利用提示引导用户做出决策。这里要注意，提示的使用不要千篇一律，要注意相互配合；同样也不要长篇大论，要注意简明扼要，说清重点；另外提示内容要与页面整体相适应，不能太突兀，以达到视觉上的一致性。

6.8 灵活高效原则

产品设计要致力于满足大多数用户的需求，新用户需要产品功能明晰，便于摸索和学习；而老用户追求效率，希望能快速打开常用功能。因此产品设计要灵活高效，不要让不必要的信息占据重要位置。

（1）自定义功能的位置

支付宝首页的应用显示可以根据用户的习惯自定义常用应用及其排序、分布方式等，如图6-22所示。这个功能可以灵活地适应用户的操作习惯，使老用户的日常操作更有效率。

图6-22 支付宝自定义首页应用功能

（2）将“常用”自动归纳

微信聊天界面的表情弹窗会把用户最近使用频率较高的表情自动归纳到一起，如图6-23所示。当用户二次使用时，能很快找到自己常用的表情，提高了聊天的效率。

图6-23 微信表情“最近使用”自动归纳

（3）缩短操作路径

微信聊天界面的对话框，点击“+”会自动浮现刚截的图或拍的照片，用户可以直接调取，无需再去图库里寻找。这样的功能缩短了用户的操作路径，使整个操作过程更有效率。

6.9 恢复现场原则

产品的设计要为用户留出犯错的空间，如果用户操作失误，产品要保证这个操作在一段时间内能随时撤销，以确保用户在使用产品时足够自由。

例如，用户在用微信聊天时，发现已发出的信息中有错误内容，这时可以用撤回功能，避免聊天尴尬。微信还有重新编辑功能，用户可以不用重新编辑撤回的内容，只要在原有的基础上修改即可，提高了聊天的效率，如图6-24所示。

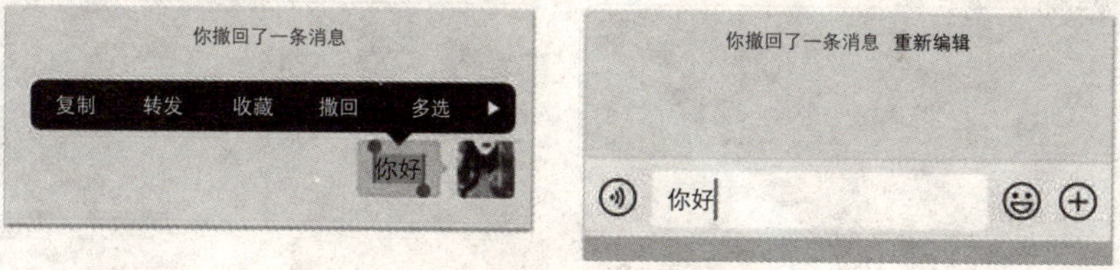

图6-24 微信的撤销和重新编辑功能

iOS系统也有照片删除和撤回的功能，防止用户因操作失误丢失重要资料。如果哪天用户后悔删除某一张照片，还可以通过恢复功能将照片复原，这个功能使产品变得更加人性化。

产品的每个功能最终都要为用户所用才能实现它的价值。优质的用户体验是打造好产品的关键点，只有让用户觉得产品为自己而生，才能使其忠于产品、忠于品牌。

第 7 章

故事法则：再好的道理比不上一个好故事

品牌想要轻松传播，有一个好的品牌故事特别重要。品牌故事可以与消费者建立情感上的联系，向消费者传达品牌的精神内涵，从而让消费者感同身受，对品牌产生信赖感。

徒有外表的产品是单薄且缺乏内涵的，很难走进消费者的内心。因此，产品要通过故事抒发情感，表现品牌内涵，由内而外展现出自己的“颜值”，这样才能让消费者爱上产品，信任品牌。

7.1 任何用户都阻挡不了一个好故事

故事可以满足人们的好奇心，孩子和大人都喜欢听故事，这是一种很好的信息传播方式。例如，历史故事可以帮助人们铭记历史；寓言故事可以教会人们人生道理；商业故事可以解释某种经济现象。故事用一种更加生动自然的方式述说道理，更容易让人们接受。

品牌故事的作用不只是让消费者快些买单，更重要的是传播品牌的文化内涵，提升消费者的情感偏好度，从而使消费者基于情感偏好而下单。这样的消费者对品牌有很高的忠诚度，不会轻易选择其他产品。

每个企业都有自己的故事，品牌从建立到成熟所经历的风风雨雨以及杰出人物的事迹都可以成为品牌故事。这样的故事凝聚着品牌的历史和形象，能让消费者看到企业的理念和坚守的初心，从而更加信任产品。

现今，市面上产品的同质化现象严重，经常是一款产品“火”了，无数个品牌跟风模仿，最终导致产品被淹没。消费者面对大量类似的产品，根本不知道如何挑选。品牌故事则可以很好地解决这个问题，它能通过触动消费者的情感，让其根据情感去选择产品。

另外，在消费者不确定购买需求时，品牌故事是打动他的最好方式。例如，“我们的企业是整个照明行业最早开始实施品牌战略的，拥有整个吸顶灯市场10%的市场占有率，我们这个品牌就是吸顶灯的代名词。”这样的故事可以让消费者心中升起一种探究的欲望，从而为这个产品多停留几分钟。而多停留的这几分钟就是这个产品战胜其他竞争产品的关键。

一个没有故事的品牌是空洞稚嫩的，企业卖的不只是产品，更是企业的文化和历史。日本松下电器公司创始人松下幸之助有一个著名的产品经营理论叫作“嫁女儿理论”，这个“女儿”的身价如何，不仅取决于女儿的长相，还与她的娘家背景有很大的关系。

产品的文化和历史就是产品的娘家背景，就像消费者在购买化妆品时，会首选历史悠久、技术成熟的品牌，也就是所谓的“大牌”。尽管这些品牌的价格是其他品牌的两三倍，但消费者还是喜欢买。

近几年为了贴近年轻消费者的购买能力，这些“大牌”纷纷推出了自己的子品牌，主营一些相对平价的产品。一经推出，就广受好评，因为消费者认为，这些产品与其品牌的高价产品拥有同样的背景，所以在体验感上也不会相差太多。

人们普遍都存在好奇心，好奇心是驱使人们探究某种事物的动力之一。就像等待连载的小说一样，一章一章追更看完的小说剧情会比一口气读完给读者留下更加深刻的印象。同样地，如果品牌故事能激发消费者探究品牌的好奇心，那么用户很可能会自发地关注品牌。

某家大型商场曾推广过一种新型的“强力万能胶水”。为了吸引更多消费者，店长用这种胶水把一枚价值千元的金币粘在墙壁上，并宣称：“谁能把金币取下来，谁就是金币的主人。”

这个噱头吸引了很多人的注意，许多路过的人纷纷驻足尝试，其中不乏身强体壮的“大力士”，最终却没有一个人能将金币取下来。于是，这款强力万能胶水的良好性能得到了广泛传播，其销量也开始飞速增长。

人们对于未知都有一种一探究竟的心态，品牌要学会利用故事激发消费者的好奇心，以“奇”制胜。消费者最在乎的是产品价值，为了有效地激发消费者的好奇心，品牌故事中要包含价值的冰山一角，而不是全部。消费者看到“诱饵”后会进一步深挖产品的其他价值，这就成功地让用户对品牌产生了兴趣。只有消费者对产品有了足够的兴趣，才会下单购买产品。

存在感也能拉近产品与消费者的距离。每个人都需要一种社会存在感，它可能体现在工作、生活或兴趣爱好上。它是人们生存价值的一种自我感知，是一种情感需要。品牌故事能将品牌理念与这种感情结合起来，将产品变成消费者某种情感的寄托。

小米自2010年成立以来，迅速崛起，创造了一个业界传奇。小米创始人雷军也因其公司出色的成绩被称为“中国的乔布斯”。

小米成功的原因有很多，其中最重要的是小米给粉丝讲述的“发烧”的故事。小米通过市场调研，将用户年龄定位到了25~35岁之间。这个年龄段的用户处于事业的上升期，经济独立，喜欢尝试和接受新鲜事物，有时尚感和超前的消费观。最重要的是这个消费群体数量庞大，拥有强大的消费潜力。

然而，这个消费群并不是小米真正的目标用户群。小米继续对其进行细分，瞄准了痴迷于手机工具的群体，即手机发烧友。手机发烧友是手机领域消费最前沿的一群人，是其他消费者的意见领袖，经常能够引来群体的跟风。小米将品牌定位到这些人身上，既瞄准了市场空白，又塑造了年轻的企业形象。

“小米，为发烧而生”被业界称为史上最有存在感的用户定位。不同于其他品牌将用户定位为音乐爱好者、商务精英、女性用户等，小米将用户定位成发烧友，这个定位超越了性别、年龄、地域、阶层，因强大的存在感而深入人心。

小米深入用户的心理和生活状态，寻求当前社会中用户的心理需求，从而进行了直达人心的用户定位。被定义成发烧友的用户在家人、同学以及朋友中彰显了自己的个性，形成了一种独特的存在感。

小米的用户可能是大城市中的一个小白领，但是热衷于手机工具，能每天闲暇时在小米论坛中与志同道合的发烧友们探讨手机的各种性能指标，秀一秀高配置和自己对手机的若干调整，在自己的兴趣中寻找存在感。

有些用户不是发烧友，但他们享受与发烧友用着同一款手机的感觉，就像穿着与偶像同款的衣服一样，也能得到一种存在感。

通过传统的基本功能适用性分析进行定位的方式已经不再适合如今的市场环境了，现今消费者需要的是心理和情感上的共鸣。抓住人心，才能精准定位，而讲故事无疑是最好的抓住人心的方式。

7.2 可口可乐讲配方，链家左晖讲“欠账论”

人的一生就是在聆听、经历、记忆和遗忘一个个故事的过程中走向结束。美国学者乔纳森·歌德夏在《讲故事的动物：故事造就人类社会》一书说：“讲故事是人类在面对大自然和社会复杂情况时所需要的生存本能，大脑在接收故事情节的同时学习并强化了自身对未知情境和各种棘手事件的反应，也促进了人类大脑的进化。”

在三百万年前，由于环境的剧烈变化，人类的脑细胞和神经得到了加强，产生了自我意识。此时，人类可以进行自我反思，可以从外部视角来观察自己。

早期自我意识的觉醒给人类带来了无限恐惧。例如，人类通过观察身边的人和事来推测自己的命运，看着身边的人遭受了疾病和伤痛的折磨，会担心这种情况是否会发生在自己身上。因此，每个人都希望能控制未来，得到确定的答案，而故事是叙述这个答案最好的工具。

产品广告的逻辑与此相同，广告的作用是为用户描述出产品使用后的样子，以减少用户的疑虑。所以想与用户沟通，没有什么比故事更加适合。

创始人都喜欢讲自己的产品，其目的是推销企业的产品和服务。而要想有效推广产品和服务，就必须提升企业品牌影响力，这离不开讲故事。

可口可乐是一家擅长讲故事的公司，其神秘的配方故事对品牌产生了巨大的影响。1886年，可口可乐的配方在美国亚特兰大诞生。截至2021年，可口可乐配方已保密130多年。法国一家报纸曾打趣道，世界上最不为人知的三个秘密分别是英国女王的财富、巴西球星罗纳尔多的体重和可口可乐的秘方。

在故事中，可口可乐公司的每任负责人都将保护配方作为首要任务。可口可乐的配方保存在亚特兰大的一家银行保险柜里，只有公司董事长、市长、可口可乐的指定继承人三人同时到场才能打开。

2006年发生的“可口可乐配方失窃案”可谓是震惊整个世界，可口可乐公司总部的一名员工盗窃了配方。然而，案子很快就被破获了。对于这次事件的真假，大家无从验证，人们多是一笑了之，毕竟保管如此严密的可口可乐配方怎么可能这么容易就被盗窃。

如果说配方泄密是可口可乐的一个营销手段，那么这个营销手段可以说是高明至极。1979年，可口可乐进入中国市场。这时候，可口可乐开始在报纸上做广告。如果是其他饮料厂商，也许会讲自己的饮料多么好喝或者有营养，但是可口可乐没有这样做。可口可乐绘声绘色地讲了一个关于配方的故事，还特别宣传了配方的保密措施。

当时，很少有公司在报纸上做广告，所以可口可乐神秘配方的故事很快就传播开来，人们开始将喝可口可乐作为一种时尚。随着可口可乐配方故事的广泛传播，可口可乐在短短几年的时间里就成了中国饮料市场上著名的品牌之一。

可以发现，人们之所以钟情于可口可乐，不仅因为它的口感，还因为它带给人们的神秘感和背后的配方故事。一种饮料如果单纯靠口感营销，总有一天会被人们厌倦，可是如果用故事打动消费者则会一直被人们津津乐道，因为每个人都有好奇心。可口可乐明白这个道理，于是用配方的故事抓住了人们的好奇心。

与可口可乐一样，我国的房地产中介链家也是一个懂得讲故事的公司。

链家希望基于大数据为个人服务，并将大数据渗透到包括开发商在内的整个产业链。对此，链家创始人左晖为用户讲了一个关于“欠账论”的故事。

链家创始人兼董事长左晖说过：“很多人总说我们是房地产

行业，但我们自己觉得自己是服务行业。”正是基于这种定位，链家将很大一部分精力都放在了收集数据、组建研究团队等看似“不务正业”的工作上。而这些工作背后最简单的初衷就是提升服务质量。

左晖曾受邀参加中国企业领袖年会，与几位不同行业的企业家一起参加一场题为“商业变革下的未来图景”的讨论。

面对“互联网+”这个近年来的热门话题，左晖说：“虽然自信息时代以来，社会发展越来越快，但以房地产为例，整个产业链实际‘欠账’很多。”左晖所讲的“欠账论”指的是房地产行业在当下的互联网时代还没有实现真正的信息化。即便链家已经覆盖中国3亿人口，1亿套房子，并建立了其中7000万套房子的楼盘字典，拥有1200TB（太字节）的数据，但距离真正提升用户的体验还很远。

一个“欠账论”透露出链家在过去多年悄悄忙碌的一件大事。链家已经建立了一个真实完整的房地产交易数据库。这个数据库不仅可以帮助链家解决中介行业“假房源”的痛点，还为链家描绘出一个更宏大的未来。

链家左晖通过“欠账论”的故事塑造了一个积极进取、致力于优化服务体验的企业形象，加深了大家对链家品牌的印象。

对于品牌来说，故事是向用户传递品牌诉求的载体。有人认为，没有故事的品牌只是一个符号、一个名称，而不是一个真正的品牌。在激烈的市场竞争中，为品牌设计一个合适的故事，可以让企业和品牌更有温度，形象更立体。

7.3 故事背景：为什么会有这个故事

创始人为用户讲故事一般有两种目的，一是通过故事让用户接受自己的品牌，二是通过隐喻的故事让用户在潜意识中接收故事中的隐藏指令，进而改变信念和行为。

一个优秀的品牌故事是可以穿越时空、常驻人心的。比如，OLAY（玉兰油）的爱情故事、哈兰·山德士上校65岁艰苦创业并造就肯德基的故事、海尔创始人张瑞敏怒砸72台海尔冰箱的故事等。

一个品牌故事必须指出品牌最初被塑造的原因，即故事主角遇到了什么样的问题跟机遇才创建了品牌，这是品牌故事的故事背景。故事背景大概分为以下四类。

版本1：发生创伤导致创始人对现状不满

这个版本是最常见的。比如，创始人或者他的亲人遇到了某种状况，但是市场上的产品都不好，所以创始人研制了某种产品改变了现状。接着创始人灵机一动，创造了某个品牌，后来逐步拓展产品线。OLAY、三个爸爸等品牌故事的故事背景都属于这一种。

版本2：创始人受到环境启发

欧美很多天然有机品牌的故事背景是这个逻辑。创始人家里可能有一个薰衣草庄园、葡萄庄园，后院有一株特殊植物或者在家的旁边有一个温泉等，然后创始人受到这些事物启发做了一个天然有机品牌。

版本3：创始人对某种东西的执着追求

大多数科技品牌的创业故事都属于这种故事背景，包括苹果、小米等。因为创始人本身有惊人的天赋，基于灵感创造了一个品牌，然后通过不懈追求，最终研制出了独一无二的产品，改变了人们的生活。

版本4：阴差阳错

有少部分品牌是阴差阳错、误打误撞建立起来的，比如马应龙药业、乐蜂网等。以乐蜂网为例，创始人李静本身是知名电视主持人，认识很多时尚界达人，包括林青霞的指定造型师梅琳等。

大家私下相见的时候，李静总是习惯性地与他们谈论美容话题。直到有一天，梅琳对李静说："你也能做中国玛莎。"当时的李静并不知道玛莎是谁。后来，李静从玛莎做餐饮到写畅销书到做电视节目的事业路线中感悟到，自己可以借助主持人的身份在内容平台建立新的品牌，甚至进军零售业。

后来，红杉资本中国创始和执行合伙人沈南鹏找到李静，投资了她的化妆品品牌。于是，李静以自己的节目内容为支撑，聚合与自己相熟的时尚界达人，以乐蜂网为平台开创了化妆品、护肤品品牌，进军电子商务领域。

下面是隐喻故事的故事背景。创始人讲隐喻故事的关键不在于故事本身，而在于是否应时、应地、应情、应景、应人、应事。因为隐喻故事需贯穿品牌建立的整个过程，并且能在潜移默化中影响消费者的行为。

开场阶段：这一阶段的故事应当用来吸引用户好奇心。故事背景可以是："90%以上的用户都认为我们的汽车并不是市面上最好的，但他们还是一买再买还推荐朋友买，这是为什么呢？"通过描述问题引发用户的兴趣后，接下来就可以讲故事的主要内容了。

产品介绍阶段：这一阶段的故事需要让用户注意到产品特征、优点、益处和相关证据（即FABE介绍法），如表7-1所示。

表7-1　FABE介绍法

F	Features，特征	客观描述产品特质
A	Advantages，优点	列举产品核心优点
B	Benefits，益处	产品为用户带来哪些好处
E	Evidence，证据	列出证据与事实

例如，汽车创始人可以将曾经一位用户对汽车的评价作为故事背景讲述出来："上次有位用户刚刚从非洲大草原旅游回来就来我们这里看车，他说这款车就像非洲犀牛一样，外形雄壮，动力强劲，开出去不仅有面子，还会有非洲犀牛奔跑一样的驾驶快感，不管是堪比法拉利引擎般的轰鸣，还是厚重无比的关门声，都让他着迷……"然后再具体讲述那位用户与这款汽车之间的故事。

消除犹豫阶段：如果消费者对产品的宣传有疑虑，这时最好的办法就是在故事中举几个相似的例子。例如，展示以往用户的使用感受、使用评价或使用前后对比图等，这样的例子比苍白的描述更易令消费者信任。

促使成交阶段：许多消费者都会经历付款前的犹豫阶段。如果不能消除消费者的犹豫，品牌故事可能达不到增加销量的效果，所以企业要讲一个能促使他们成交的故事。常用的有正面成交故事和反面未成交故事两种。

如果是正面成交故事，故事背景就要多用正面描述以促使消费者模仿。如某保健产品会在故事后面加一句“快让你的父母拥有健康”，这对消费者有很好的刺激作用，他们会因此联想到自己的家人，从而消除犹豫马上付款。

如果是反面未成交故事，故事背景就要多强调不购买的后果。如某化妆产品会在广告最后说“别再让劣质化妆品伤害你的皮肤”，这会引起消费者趋利避害的情绪，从而去购买该品牌的产品。

7.4 阻力：阻力越强越好

在叙述故事时注意不要平铺直叙，如：“我买了一个苹果，付了款，后来我把它吃了。”这样的故事是没有吸引力的，没有人喜欢意料之中的“白开水”式叙述，这只会让消费者昏昏欲睡。好的故事要跌宕起伏，最好包含不止一个阻力情节，以调动起消费者的好奇心。

美团创始人王兴早在2003年就开始创业，他的创业故事可谓一波三折。做校内网之前，他就已经和好友做过一些小的创业项目，那时候的王兴不懂推广，许多小项目到最后都无人问津。而校内网也因融资失败，最后以出售告终。

2009年，王兴苦心经营了两年、已有百万用户的博客网站“饭否”因有关部门对网络言论的监管，被突然关闭。经过几个月的挣扎，饭否逐渐走向衰落，随之而来的却是新浪微博的崛起。

在这之后王兴又开始思考新的商业模式，2010年，美团诞生。饭否事件后，王兴转变了思路，开始不急于求成。“千团大战”时，糯米网、拉手网等与美团同类的网站都进入了迅速发展期，而且比美团先拿到融资，扩张速度非常快。

这个时期的美团却举步维艰，没有资金，销售团队顶着巨大压力去谈商家，收效却不尽如人意。在美团的一次低谷期，员工彻底失去了信心，4个核心销售跳槽到了糯米网，还带走了美团和万达谈好的单子。美团的状况也因此一下跌入了冰点。

2010年，美团拿到了第一笔投资，逐渐有了复苏的迹象。2011年，美团最大的竞争对手拉手网上市失败，美团却迎来了创业路上的重要转折期。随着疯狂在广告上砸钱的竞争对手们逐渐因资金问题走向困境，美团坚持维稳的优势才逐渐显现出来。自此，“千团大战”告一段落，美团坐上了行业的“龙头宝座”。

美团的故事中，创始人起初的失败、资金压力以及“千团大战”时的隐忍都是故事的阻力，它们牵动着消费者的好奇心。美团创业时如此艰辛，是如何造就如今的成绩的？这个疑问会支撑着消费者把故事看完，从而深刻地记住美团这个品牌。

这就是阻力的作用，人们会更容易记住意料之外的事件，因为这些事件足够新奇。增强阻力的作用，让故事变得一波三折，才能让消费者印象深刻。

没有阻力的故事是不会给品牌带来附加效果的，其结果只能是像无聊的平面广告一样被大众遗忘。如何在故事中设置阻力，主要包括以下4个层面。

第一层阻力：以用户认知为中心

比如，保险品牌的故事可以为用户讲述他们生活中的未知风险，从而刺激他们购买保险加强防范。对此，保险产品可以设置一个幸福家庭突逢变故的故事，告诉消费者未知的风险就在身边。这种符合用户认知的故事，有很强的代入感，用户会因为情感迁移更加认同故事中的阻力。

第二层阻力：强调解决方案带来的结果

消费者有时会存在一些固有认知，比如大多数人认为把钱存在银行比购买保险更可靠，所以他们很少购买保险。保险产品这时就需要通过故事让消费者转变这种观念，最好的办法是强调产品能为消费者带来的结果。

例如，在故事中可以设置一个对比项，分别是购买了保险和没购买保险的用户，购买保险的用户在突逢变故后收到了赔偿，降低了自身的损失，而没购买保险的用户在突逢变故后损失巨大，很后悔自己没有提前购买保险。这个故事把两种后果直观地呈现给了消费者，利用其趋利避害的偏好，促使消费者购买保险。

第三层阻力：适当转折

许多文学作品都喜欢用转折吸引读者的眼球，比如一个美丽善良的公主却昏睡不醒，于是这个“昏睡不醒”的设定就会让读者记忆深刻。

故事中的关键转折是调动读者好奇心的重要手段，对比越强烈则效果越明显。就像美团的故事里，王兴和他的团队面临缺乏资金、销售带单跳槽的困境，突然迎来了一笔投资解了燃眉之急，听者也会不自觉地体会到这笔投资的来之不易，为美团捏一把汗。

第四层阻力：营造情感的共鸣

人人都有对未知的恐惧感，这种恐惧感的来源不确定，但它会让消费者担心，导致其在下单时摇摆不定。帮助消费者克服这种恐惧感的好办法就是用故事给予消费者信心，营造产品与消费者情感上的共鸣。

例如，褚橙的故事，创始人褚时健在经历牢狱之灾后，古稀之年二次创业，最终获得成功，诠释了什么叫在逆境中成长。许多人都会在生活中经历挫折，而褚橙的故事恰好和这些人产生了共鸣，励志——这个核心思想就是维系他们的纽带。

7.5 代入感：情感令人动容

代入感是故事设计的一个重要环节，消费者时常会把故事的主人公与自己相对照。爱情、努力、初心都是营造代入感的利器，一旦产生了代入感，故事中主人公的行动就会时刻牵动着消费者的心，出于模仿的心态，消费者会毫不犹豫地购买产品。

OLAY（玉兰油）是英国最大的护肤品牌，诞生于19世纪50年代。OLAY进入中国后，一度被称为是“最受欢迎的护肤品牌”，创造了业内奇迹。其成功的背后，有着一个浪漫的爱情故事牵动着广大女性消费者的心。

1935年，英国少女艾伦跟着父母搬到了波特梅小镇。在艾伦家的院子里，有一颗玉兰树，花开的时候非常好看。镇上有一些少年常偷偷到艾伦家摘花。艾伦因为刚刚搬到这个地方，一个朋友都没有。所以少年们来偷花的时，艾伦心里觉得这种短暂的热闹非常有趣。

艾伦想要跟这群偷花的少年们交朋友，于是偷偷摘下来一袋子玉兰花想要送给他们。那些偷花少年们来时，艾伦听到院子里的声音，就赶紧捧着玉兰花走了出来。可那些少年却恶作剧地把水浇到她身上。

有一个男孩从玉兰树上爬下来，向艾伦道歉。可艾伦却说：“除非白玉兰变成火红色，否则我永远不会原谅你这个捣蛋鬼！”

几分钟后，男孩敲响艾伦的窗户，捧着一朵火红的玉兰花，说：“可以原谅我了吗？”艾伦发现原来男孩用血染红了玉兰花。男孩告诉艾伦自己叫格拉罕，就这样艾伦和这个男孩因为一朵火红的玉兰花相恋了。

不久后，两人分别到不同的地方去上学，并约定毕业后就结婚。但这时，战争爆发了。艾伦被派往战地医院工作，而格拉罕却需要继续完成学业。二人分别时，格拉罕送给艾伦一朵铜制的玉兰花，并约定战争结束后一定要再次相见。

艾伦经历了一场残酷的战役。在战场上，为了寻找不小心掉落的玉兰花吊坠，一颗炸弹在艾伦身旁爆炸，艾伦陷入了昏迷。醒后的艾伦发现自己已经怀有两个月的身孕，但想要保住孩子，就不能使用防止伤口感染的药物。于是艾伦选择保住她和格拉罕爱情的结晶，而代价就是她的左半边脸上留下了丑陋的黑色疤痕。

心痛欲绝的艾伦回了家乡，因怕恋人看到自己丑陋的样子，所以始终用厚厚的面纱蒙着脸。后来艾伦想起自己年少时与格拉罕到泉水边约会戏水，格拉罕被烫伤的疤痕不到三个月就消失不见了。于是艾伦每到深夜时分，就会悄悄去泉水边用泉水敷脸，希望容颜能恢复如初。过了一段时间，艾伦发现脸上的伤痕果然好了一些，后来艾伦把泉水带回家，白天也用它敷脸。

一次下雨，艾伦院子里的玉兰花被打落了一地，艾伦把它们放进了储存的泉水中。因为暴雨难行，艾伦只好用泡着玉兰花的泉水敷脸，仅一周，艾伦发现脸上的伤痕颜色更浅了。通过查阅书籍，艾伦发现玉兰花有美白效果，而这里的泉水属于少有的富含多种矿物质的冷泉，对于促进伤口愈合、更新角质层细胞有显著作用。

偶然一次机会，艾伦又见到了格拉罕，格拉罕只是盯着艾伦脖子上的玉兰花吊坠看了好一会，却没有认出面纱下的艾伦。

9个月后，艾伦的孩子出生了，她非常好动，常常将乳汁吐在艾伦的脸上。艾伦手忙脚乱，常来不及擦拭脸上的乳汁。过了几天，艾伦发现乳汁沾过的地方，疤痕比其他地方更淡。于是，艾伦开始将玉兰花、泉水、牛奶混在一起敷脸。半个月后，艾伦发现脸上的伤痕变得非常淡，几乎看不出来。

艾伦取下了黑纱，但她抚过脸庞时，发现疤痕颜色淡化了，但突兀的痕迹却丝毫没有被抚平，她又一次绝望了。

不久后，艾伦收到一小盒面霜，瓶底写着“一日三次，可以恢复外力造成的皮肤组织挫伤。——献给在战争中受伤的勇士”。艾伦开始白天使用这瓶面霜，晚上用泉水、玉兰花和牛奶敷脸。当面霜用完时，奇迹出现了，艾伦脸上原先凹凸不平的伤痕已经没有了。

艾伦兴奋地去找格拉罕，昔日的恋人重逢，彼此喜极而泣。格拉罕抚摸着艾伦的脸说：“你终于好了，我的心血没有白费。”

原来，自从艾伦回到镇上，格拉罕就认出了她，她胸前的玉兰花坠更是让格拉罕肯定这个小镇医生就是自己的恋人。格拉罕知道，艾伦越是爱他，就越在意自己的容貌。于是学化学的格拉罕决定为艾伦研究一款产品，帮助艾伦平复伤疤。

经过数次试验，格拉罕终于研制出了那瓶面霜。为了给艾伦一个惊喜，格拉罕匿名将面霜寄给了艾伦，然后等待心上人的到来。

可以说，爱的奇迹创造了OLAY这个品牌。1951年，格拉罕将这款产品推向了全世界，并以艾伦的谐音命名为OLAY。OLAY受到全世界女人的追捧，不仅是因为它的产品功效，还因为这个美好的爱情故事给了她们极强的代入感。

爱可以让女人变美，是这个故事自始至终在传递的理念。艾伦因为爱情失去了美貌，而她又因为爱情恢复了美貌。主人公艾伦和格拉罕的爱情故事足以让OLAY的女性用户们大为动容，她们也会幻想着有一个像格拉罕一样帅气、智慧、深情的人爱着自己，若爱人能为自己购买OLAY的产品便是爱她们的表现。

不少消费者在听完OLAY这个故事时就已经蠢蠢欲动了。如果你的品牌也能塑造这样一个让消费者极为动容的故事，让他们把产品和自身的情感联系到一起，那么产品的销量也就不再是问题了。

7.6 结果：要直观，尽量用数字或百分比表示

想要故事能够打动消费者，最重要的是为故事设计一个直观的结尾。如果故事是为了宣传产品能满足消费者的某项需求，光描述产品的效果是不够的，因为这不够直观，只有通过数字或者百分比，才能让消费者信任。

麦当劳是全球最有价值的连锁餐饮品牌，以超高的品质和服务闻名世界。截至2017年，麦当劳遍布世界六大洲119个国家，拥有32000余家分店，代表着一种美式生活方式。

细心的人会发现，无论走进哪一家麦当劳门店，所享受的体验都是一致的。因为全世界麦当劳餐厅从装修、灯光到冲水马桶都是一样的。

汉堡是麦当劳的主打产品之一。麦当劳对汉堡原料有严格标准，规定了牛肉、蔬菜、面包等各种食材的保质期和保存期。从食物出炉到客户手中的每一个环节，麦当劳都遵从严谨的高标准。

在保证质量高标准的同时，麦当劳还提倡服务高效率。虽然各家分店所处的位置不同，但产品质量指标都是固定的。每家麦当劳分店都有一套“产品质量指南”，规定了每种食品的制作时间，并贴在成品的中央输送槽上。

所有过期未出售的食品都会被经理丢在废品箱，同时经理要在废品报告上记下每一天作废的产品数量，以精确地确定生产数量。

麦当劳宣称：“我们卖的不是汉堡，而是服务。”因此，麦当劳非常注意保持用餐环境的整洁，制定了标准的清洁程序。只要消费者离店，服务员会马上清理桌面和地面，而且洗手间会始终保持清洁、没有异味。

“快速、精确、友好”是麦当劳服务的三大要求。首先，消费者应该在最短时间内享受到所需的各项服务，包括每位消费者排队时间不超过2分钟、点完餐后等待时间不超过1分钟、问候语总耗时保持在32秒等。另外，麦当劳所有门店的服务柜台高度都是92厘米，这个高度是人体投递钱物最方便的高度。

每一个工作人员上岗前都必须进行严格的清洗，首先用专门的杀菌洗手液清洗消毒，至少搓手20秒再冲洗，尤其注意清洗手指缝和指甲缝。之后用烘干机把手烘干，如果手接触到头发、制服等物品，必须重新洗手。

麦当劳充分考虑客户的用餐心理，既注重个体的隐私，又注重团体的活跃性。因此，每副桌椅都巧妙地设置在特定位置。倚窗能使用餐者一览美丽的街景；绕墙能使用餐者享受私人空间；围成一圈满足了喜爱欢乐气氛的消费者。

麦当劳的乳类制品都以鲜牛奶为原料，咖啡都是用咖啡豆现磨的，甜筒都是实心的。所有食物的营养成分如能量、脂肪、蛋白质等的含量都会在包装上注明，各种套餐的营养成分也是按科学比例配制的。

同时，麦当劳知道消费者越来越关注体重与健康，所以为每一种食物标明了碳水化合物含量、脂肪含量等，鼓励客户根据自身情况自定义搭配套餐。

麦当劳的故事无时无刻不在向消费者传递着“品质”二字，麦当劳没有直接说服务优质，而是告诉消费者在麦当劳他们只需要等待3分钟；没有说食品质量高，而是告诉消费者麦当劳食材的具体保鲜期；没有说食品搭配健康，而直接告诉消费者每种产品的营养成分。

麦当劳用数字为消费者直观展现了“品质”二字，这些数字比苍白的话语更有说服力。用这样的方式诉说故事结果，会让消费者更认同品牌理念。

三个爸爸儿童专用净化器也是一个用数字讲故事的案例。

随着城市雾霾的加重，空气净化器开始受到人们的青睐。三个新晋奶爸戴赛鹰、陈海滨、宋亚南聚在一起聊着自己的孩子。谈及雾霾对小孩的伤害，他们忧心不已。宋亚南称他的宝宝出生后就因为雾霾引起了呼吸道疾病，几次进医院治疗。

于是，三人一起去买空气净化器。找遍了市场也没有找到能同时去除PM2.5和甲醛的净化器。三人于是向做空气净化器的李洪毅请教，李洪毅告诉他们由于空气中含有太多有害物，当前市场上的净化器都是分开处理这些有害物质的。

三人听后非常失望，因为花大价钱买回来的净化器竟然满足不了他们的需求。于是，三人决定组建一支专门为宝宝研发空气净化器的团队，研发能够真正保护儿童呼吸系统的净化器。于是他们邀请了制造净化器的专家李洪毅加入。

三位爸爸在网上发布了这一创意，很多家长都表示出了购买意愿，这意味着这个产品很有市场。团队研究了市面上的净化器，经过反复推敲最终设计出了一个适合儿童的净化器方案，将其命名为“三个爸爸儿童专用空气净化器”。

三个爸爸团队总结了儿童孕妇等群体容易被雾霾等空气有害物质侵害的四个痛点，并按此设计产品。

针对PM2.5去除效果不可见的痛点，三个爸爸团队决定用数据说话。通过给净化器装上工业级PM2.5传感器让用户家中的PM2.5数值可以在手机App里显示出来。如果家中有人吸烟，可以看到PM2.5数值立即上升。通过这种方式，产品去除PM2.5的效果变得可视化。

针对PM2.5去除效果没有标准的痛点，三个爸爸团队决定制造PM2.5为零的尖叫点。由于洁净空气输出率是看不见摸不着的，所以三个爸爸团队想做一个出风口PM2.5为零的设计。市场上出风口 PM2.5为零的空气净化器，价格都在一万元左右，而三个爸爸空气净化器仅售一两千元，广受消费者欢迎。

甲醛的危害远远大于PM2.5的危害，针对除甲醛功能的空气净化器少的痛点，三个爸爸团队决定用军工技术除甲醛。军工技术除甲醛是指用一种树脂吸附甲醛然后再分解，三个爸爸花了一番功夫，最终将其用到了产品上。

针对空气净化器导致二氧化碳浓度升高的痛点，三个爸爸决定把二氧化碳变成氧气。这也是利用了一种军工技术，即当二氧化碳浓度增加时，通过催化反应将二氧化碳转化成氧气，解决用空气净化器要时常开窗通风的问题。

三个爸爸儿童专用空气净化器针对儿童孕妇等群体易被雾霾侵害的四个痛点设计产品。故事中，为了突出强调产品质量，三个爸爸团队让产品效果可视化，让消费者自己看到周围环境监测的数字。

正如其品牌口号所说的：“我爱你，呼吸为证！”三个爸爸儿童专用空气净化器的故事让消费者看到了品牌背后的“匠心”。不卖概念，而是实际为消费者考虑，用数字直观展示产品效果。这样的故事不仅能给予消费者真实感，也更加令人信服。

如果你认为自己的产品在行业里名列前茅，不妨通过故事告诉消费者你的产品经过多少次检验，在行业内具体排名第几，产品的效果得到了怎样的认可。这样比用华丽辞藻把产品夸得天花乱坠更能让人信服。

第8章

商业颜值：步步为营，让营销动起来

面对激烈的市场竞争，很少有新产品仅凭借产品本身就在市场上站稳脚跟。五花八门的营销策略是点燃消费者热情的引线，只有通过这些策略在产品和消费者之间架起一条沟通的桥梁，才能不让产品淹没在竞争的洪流里。

巧妙的营销策略也是产品“高颜值”的一部分。现在喊口号式的硬广告越来越不受人们欢迎，软植入、游戏化营销等新方式开始走入人们的视野。营销做得越“好看”、越灵活，就越能提升产品的“颜值”，让消费者在潜移默化中接受产品。

8.1 大数据营销：用数据打通用户

近几年，大数据的应用范围逐渐拓宽，各行各业都在用技术推动营销升级。2005年菲利普·科特勒提出“精准营销”概念，即将营销信息精准传递给目标用户。这种高效的营销方法是企业追求的目标，对此，用户数据画像可以为企业精准定位目标用户，从而为产品营销发挥关键作用。

现今，营销的核心是“大规模的个性化互动”。在传统营销方式中，品牌与消费者的互动是单向的，企业只能针对产品的一个特点打广告。但是随着企业对数据的应用，每个人看到的广告都是不一样的。在如今这个社交媒体飞速发展的时代，数据对企业的作用更加重要。

例如，沃尔玛“啤酒+尿布”的营销案例。沃尔玛发现美国很多新晋奶爸总喜欢在给孩子买尿布时顺手买几罐啤酒。根据这个数据，沃尔玛把啤酒和尿布放在同一个区域销售，竟然获得了不错的销量。

阿里巴巴对数据极为重视，称其为“是除了石油之外的一种竞争资源”。阿里巴巴不断投资各个领域的企业或平台，是因为这些平台的用户数据联合起来，就能绘制出更加完整的用户画像，从而使企业达到精准营销的目的。

比如，消费者在微博上搜了某本书，然后打开淘宝，发现首页上推荐了这本书。这就是打通不同平台的用户数据的效果。因此，在保证数据真实的前提下，数据量越多，数据分析结果就越准确，据此提出的营销策略也就越有效果。

大数据是大小超出常规的数据集，即用传统手段比较难处理的大型、繁复的数据集。其特点是数据量大、数据类型众多、处理速度快、数据价值高。

（1）数据量大

根据统计，数据量一直在以每年50%的速度增长，也就是说每两年会增长一倍多的数据量。截至2020年，全球拥有35ZB（泽字节）的数据量，比2010年增长了30倍。

（2）数据类型众多

大数据由结构化数据和非结构化数据组成，其中90%是非结构化数据，它们来源于人们的日常生活，包括社交网络信息、通话记录、搜索记录等，格式也多种多样。

（3）处理速度快

大数据从生成到消耗，时间非常短。因此，生成决策的时效性要求很高，基本都要遵循“1秒定律”。“1秒定律”又称为秒级定律，是指对处理速度的要求，一般要在秒级时间范围内给出分析结果，时间太长就会失去价值。这个速度要求是大数据处理技术和传统的数据挖掘技术最大的区别。

（4）数据价值高

大数据的价值密度低，但商业价值高。例如，持续几天的监控视频，可能只有几秒可用，但这几秒的视频具有极高的商业价值。因此，大数据虽然价值密度低，但经过整合分析，也能拥有很高的商业价值。

当前，各平台打通用户数据的方法主要是标签匹配，由于不同平台有不同的算法，因此很难实现数据统一。所以这种方法仅能实现某些维度的人群定向，比如，圈定在某视频网站上观看过某档综艺的人，然后再向其在另外一个新闻客户端投放广告。

实际上这种方法没有完全发挥数据的深层价值。“标签”的意义在于对用户进行标记，例如两个同样带有“创造101”这一标签的用户，其行为可能是存在差异的。A用户观看了90分钟正片，B用户观看了60分钟花絮，而他们的标签都是“创造101”。显然，如果仅针对标签进行营销，还是不能做到精准营销，但效果已经比传统营销好得多。

腾讯推出的MIND3.0社交策略，即通过对用户行为数据的观察和分析，描绘出每一位用户，进而建立品牌和消费者间的营销关联。比如，成熟妈妈和新手妈妈两个细分用户群，通过大数据分析得出成熟妈妈偏好玩乐，较多安装游戏、音乐和视频播放器等应用，社交以QQ群、鲜花工坊与日记为主。而新手妈妈则偏好社交、时尚以及数码产品。

纽约的PRADA（普拉达）旗舰店，每件衣服都有RFID（射频识别）码。当消费者拿起一件衣服进入试衣间，RFID码会被自动识别，试衣间的屏幕上会播放模特穿着这件衣服走台步的视频，从而让消费者产生代入感，想象自己也像模特一样适合这件衣服。

另外，每件衣服在哪个城市哪个门店什么时间被试穿了多久，这些数据都会传至PRADA总部被存储起来加以分析。以往如果一件衣服销量很低，通常就会被直接下架。但如果RFID传回的数据证实其被试穿过很多次，那么PRADA就会从其他方面改进，而不是盲目将衣服下架。

在这两个案例中，企业用数据找到了消费者的行为偏好，根据行为偏好信息向其推荐适合的产品，让消费者心甘情愿为之买单。例如，TARGET创建了一套女性怀孕期间购买行为变化的模型，如果用户从TARGET购买了婴儿用品，TARGET会根据婴儿的生长阶段，定期给这些用户推送相关产品，使这些用户总有回购的理由。

8.2 社群营销：用户自传播

随着互联网时代社交媒体的普及，人们对社群的应用也越来越普遍。个人利用碎片化时间输出的价值，也可以推动企业品牌的建立。

社群营销能够实现用户自传播并形成品牌口碑。例如，“爱在当下”就十分重视社群营销，其通过社群把用户聚集在一起，在社群中分享养护知识、产品知识和使用体验，并为用户提供体验产品的机会。因为用户的口口相传，“爱在当下”获得了更多的用户，快速形成了品牌口碑。

虽然每个社群的形式不同，但运营者的目的基本是相同的，即“变现”，也就是获得相应的回报。社群形态不同、业务不同，变现的方式也不相同。社群变现最重要的环节就是营销，只有营销做得好，社群才能实现变现。营销活动可以最大限度地拉高“变现值”，深层挖掘社群的潜力，是社群保持活力的关键所在。下面介绍社群营销的5步流程，如图8-1所示。

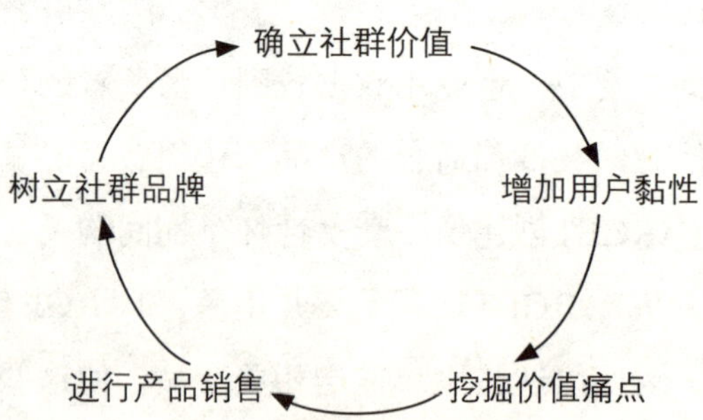

图8-1 社群营销的5步流程

（1）确立社群价值

每个社群都有其存在的价值。建立社群的第一步就是找到社群能提供的具体价值，即社群的“虚拟产品”。只有了解社群能提供的价值，才能找到目标用户群，这一步是对用户的初步定位，非常重要。

① 价值最好是互惠互利的

只有社群与成员之间的回报是相互的，社群才能保持良好的运营。每个社群成员既是资源的受益者，又是资源的贡献者，这种互惠关系能让社群价值链更稳固。相反，如果仅是社群一边倒地向成员输出内容，成员的热情很可能会随着时间的增加而消退。

② 明确价值回报的载体

社群运营的最终目的是把价值转化为回报，而回报需要用某种载体呈现出来。比如一个PS兴趣群，其价值是帮助群成员学习PS教程。对此，社群可以通过推广书籍、网课来展现这种价值，这就是社群给成员的回报，而书籍和网课就是它的载体。

回报的载体是获取收益的途径，如果连这个途径都不明确，何谈利用社群来增加收益呢?

（2）增加用户黏性

社群营销的优势在于用户可以在社群中与产品深度互动，找到某种归属感。而社群也可以因此更好地黏住用户，促使用户进行二次销售甚至获得更多销售机会。

实现经济回报只是一方面，社群营销最重要的步骤是让消费者为品牌发展助力。在传统的营销过程中，产品销售基本是“一次性”工作，消费者只有在购买产品时才能与企业沟通，只有涉及换货、维修、退货时才会产生后续交流。

而社群却没有这样的问题，消费者可以随时随地和企业沟通，产品的口碑也可以在这个沟通的过程中逐渐建立起来。一些社群还会定期发红包或优惠券，以增加用户黏性。

（3）挖掘价值痛点

挖掘痛点是营销过程中最重要的一环，是订单成交的前提，以下介绍三个挖掘用户痛点的方法。

① 刺激购买欲望

产品价值是用户购买产品的主要原因，但市场上的同类产品众多，如何让用户选择自己的产品呢？这时企业就需要向用户强调产品的优质性，为其勾勒出一幅美好蓝图，让用户觉得产品的价值超过自己的预期，以此来刺激用户的购买欲望。

② 竞品分析

随着技术的进步，市场上产品的同质化现象严重。因此，竞品分析是营销的一项基本功。企业需要针对用户的需求，向消费者阐述自家产品相对于竞品的优势，例如价格更优惠、服务质量更高或内容更实用等。竞品分析的目的就是让用户经过多方比较后，最终购买你的产品。

③ 打折促销

打折促销是最常见的销售策略，在品质相同的情况下，选择价格最实惠的，这是所有消费者都会做出的选择。好的促销活动必须设置“时间截点”和“价格底线”。“时间截点”是为了营造紧张感，促使用户尽快成交。“价格底线”是指要综合考虑成本，毕竟促销的目的是盈利，如果促销的结果是亏本，那就得不偿失了。

（4）进行产品销售

挖掘好用户的痛点后，就可以大胆地销售产品了。这时用户已经对产品产生了兴趣，订单会自然成交，甚至用户会主动上门成交。

（5）树立社群品牌

第一次销售工作结束，并不意味着所有工作就此结束。相反，接下来的工作才是最重要的，即维护好老用户，打造社群品牌。这样做可以增加社群影响力，从而促成多次成交。

① 增加社群影响力

社群和用户不仅进行简单的交易行为，还要建立彼此的情感联系。所以不管是不是已经成交的用户，只要身处社群中，就是产品的粉丝，应该同样予以重视。而不是只照顾付费买单的用户，冷落暂时没有付费买单的用户。没有付费买单的用户如果遇到更好的产品，很可能会倒戈，这样企业就损失了一批潜在用户。

所以持续维护社群的粉丝很关键。老粉丝保持活跃，带着源源不断的新粉丝加入，才能让社群保持长久的生命力，不断壮大。

② 寻找机会进行多次营销

产品想要适应市场发展，就必须持续迭代更新。升级后的产品质量更好了、功能更全面了，就会面临涨价的问题。那么谁来充当第一批尝试新产品的用户呢？自然就是社群的粉丝了。他们大都使用过产品，而且比一般用户对产品更加了解，因此也更有“话语权”，所以付费转化的可能性也比较高。

8.3 视觉营销：去除晦涩特征，降低认知负载

视觉营销在各种营销方式中都占很大比重，因为视觉是人类接收信息的第一步。大脑处理视觉信息比处理文字信息的速度快60000倍，可以说一图胜千言。

许多产品在做广告时，都非常注重视觉营销。有的产品只注重广告画面的美观性、全面性，恨不得把产品的所有优点都堆到画面上，而实际上这种广告很容易被观众忽略。因为这样的广告往往冗长没有重点，不能让消费者短时间就了解产品的特色在哪里。

因此，要让广告达到最优效果，就需要充分考虑人们的视觉习惯。图片美观只是视觉效果不是视觉营销。

如图8-2所示，这是一款婴儿纸尿裤的平面广告设计初稿。根据消费者浏览的先后顺序，企业得出了图中的视线轨迹。企业很快发现，消费者首先关注的是图中的婴儿，其次是产品标题，最后才是产品的特点描述，有些消费者甚至根本不会到浏览产品特点那一步就放弃了浏览。

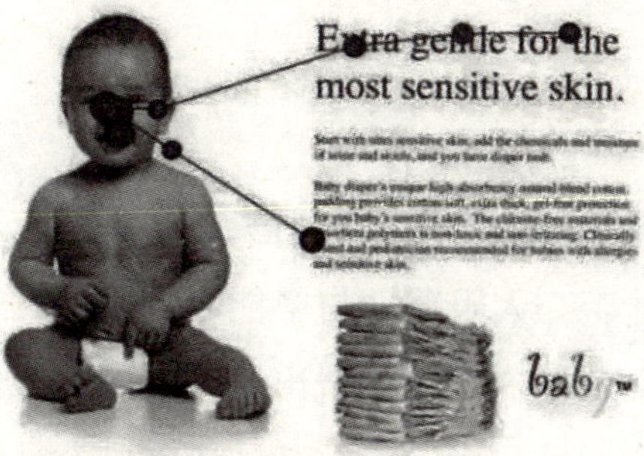

图8-2　婴儿纸尿裤的平面广告设计初稿

婴儿本来应该是广告的“配角”，只起到让消费者知道这是一款婴儿用品的目的。在该海报中却本末倒置，婴儿成了海报的主角，而产品却成了配角。这样的广告明显不会对产品销量有太大帮助。

于是设计人员对海报进行了修改，让正面冲着观众的婴儿改为转身冲着产品标题。企业又做了一次视线轨迹分析，发现消费者的初始视线虽然还是落在了婴儿身上，但跟随婴儿的视线，人们关注的焦点变成了婴儿视线所指的方向也就是产品标题，进而跟随婴儿一起阅读产品的特点描述。这一个“转身”，让这款纸尿裤的销售大获成功。

用户每天会面对成千上万的视觉广告，很少会将页面中的信息全部读完，一般只关注认知简单便于理解的信息。如何在眼花缭乱的视觉广告中霸占用户视线，让其重点浏览自己的产品信息，是视觉营销最重要的目的。因此，视觉营销不能只是页面漂亮，还要舒服、准确具有更高层次的艺术效果。如何做好视觉营销，要注意以下4个方面。

（1）材料的选择

在销售过程中，认知是决定消费者购买某一产品的决定性因素。一款产品能否夺人眼球，材料能起到关键性作用。无论是视觉还是手感，都要给消费者创造出一种“超值”的感觉，就像同等价位的陶瓷碗和塑料碗，大多数消费者都会选择陶瓷碗，因为在其认知中陶瓷比塑料更“贵重”。

因此，在选材时，企业应更注重产品的材质。材质不仅要体现在产品上，还要体现在包装材料上。有质感的包装材料，更能增加消费者选择产品的可能性。

（2）文字的选择

文字是传达某种信息的语言符号，是产品和包装上必不可少的部分。但文字内容不宜过多，否则会模糊产品真正的卖点，又不宜过少，否则让消费者无法明确产品的功能和价值。因此，文字内容要简洁明了，突出重点，让消费者能清晰、准确地了解产品。

品牌名称、产品说明、广告语以及生产厂家等内容，是在设计产品和包装时，必须要注明的，其余的信息则可以省略。这些文字信息需要作为包装设计的一部分来统筹考虑。

比如品牌名称、广告语等要注明在醒目且显眼的地方，让消费者一眼就能辨明。而像产品说明这种占篇幅较多的信息，虽然也要写在醒目一点的位置，方便消费者查阅，但可以适当缩小字号精简画面。而对于生产厂家这类信息则可以缩小字号标注在角落里，因为消费者一般不会主动去关注。

（3）产品与包装的设计

产品外观虽然要设计得足够有吸引力，但也要注意实用性的问题。例如，一款面膜有两层包装，第一层是普通的包装，第二层是比较复杂的包装，消费者很难找到正确的打开方法，而且操作失误会损坏面膜。

这就属于比较累赘的设计，虽然设计的初衷是为了更好地保护面膜，却增加了用户使用的复杂性。这种包装不仅不会给产品加分，反而会给产品减分。

产品与包装的设计，要根据商品的特点、用途、用户定位等进行安排。例如，一款针对年轻女性的产品，产品的外包装可以采用鲜艳的颜色，如粉色、红色等。另外，包装的颜色要与整个画面的构图相适应，不能太跳脱。

（4）货架摆放位置

货架展示是产品抢占消费者视觉高地的又一战场，分类清晰，颜色夺目，符合消费者认知习惯的摆放位置，能让产品快速抓住消费者的目光，在同类商品中脱颖而出。

8.4 游戏化营销：游戏是人的天性

游戏是人的天性，不管是成年人还是孩子都容易被游戏吸引。例如，现在大火的《王者荣耀》这款游戏，在成年人和孩子中都有不错的口碑。市面上各种热门游戏，都是在想方设法引起玩家的某种情感共鸣，比如《王者荣耀》里面的排位规则，就刺激着玩家的胜负欲。正是这种情感共鸣，让玩家们愿意耗费时间沉迷其中，还不惜为游戏充值来获得更好的体验。

那么如果把游戏的吸引力移植到产品上，消费者是不是也会产生如玩游戏般“上瘾”的感觉呢？对此，很多企业推出了游戏化营销方式，利用游戏效果，让消费者对产品欲罢不能。

游戏化营销是指借助游戏化的营销活动吸引消费者，让消费者在玩游戏的同时能潜移默化地了解品牌文化、产品价值等信息。这种方式容易被消费者接受，易于激起消费者的活跃度，对提升品牌知名度和促进产品销量都有不错的效果。游戏化营销一般有以下4个特点。

（1）品牌性

借助游戏进行营销，其主要目的是推广品牌。所以游戏要融入品牌元素，品牌可以是游戏的名称，也可以是游戏的道具等。企业向消费者充分渗透品牌信息，可以让其在潜移默化中铭记品牌。

（2）趣味性

任何游戏想要吸引玩家的关注，都要做到有趣。创意十足、体验感好的游戏才能让更多的人对其产生兴趣，并让玩家们“上瘾”。当然，游戏终究只是营销的手段，所以游戏设计不宜太过复杂，要易上手，受众广泛。

（3）互动性

游戏中的每个环节，如新手提示、签到奖励、反馈建议等，都是游戏与玩家的互动，这些看似形式化的东西，能实际营造出游戏氛围，让玩家忽略营销的目的更好地沉浸在游戏中。

（4）社交性

除单机游戏外，大部分游戏都带有社交性，结交游戏好友是年轻人非常喜欢的事。另外，如果游戏能被分享到朋友圈，会更快走红。

传统的营销方式通过不厌其烦的重复抢占消费者心智，而游戏化营销似乎更侧重“游戏”而非“营销”，降低了消费者产生反感的概率。另外，这样的营销方式还降低了营销的门槛，但对创意本身的要求却很高。

为了使游戏更具魅力，一些知名品牌都为游戏化营销投入了更多资源。例如，耐克利用VR技术让消费者进入游戏世界。耐克热衷于利用游戏化营销调动消费者的兴趣，除开发线上游戏外，还在线下设置了VR体验区。耐克曾在上海的一家门店推出了VR跑酷游戏，消费者穿戴上VR设备，做出跳跃、躲避等动作，来跨越障碍，拾取奖励。

线下游戏的体验效果最好，也能给消费者留下深刻的印象，但一般耗费的资金、人力和时间成本也比较高。

普遍的游戏化营销是借助收集卡片、徽章、印章等物品来换取优惠，这种方式不需要太高的成本，也能受到一些“老用户”的欢迎，但对于初次尝试产品的用户，效果不太明显。

如果品牌自己研发一款游戏有困难，最简单的方法就是和一些知名的游戏联动，让品牌成为这些游戏的一部分。这样的跨界营销可以省去设计游戏创意的时间，还能借助这些游戏的玩家基础，短时间内提高品牌知名度。

麦当劳曾与游戏《大富翁》进行联动。在《大富翁》当中设置了以麦当劳为主题的游戏卡，只有在麦当劳消费指定产品才能收集到，另外卡片收集到一定数目还有机会参与抽奖。这一活动，让玩家为了获得卡片而到麦当劳消费，成功地增加了麦当劳的产品销量。

不管是独立开发、线下体验还是与其他游戏联动，游戏化营销的本质都是一样的，就是游戏和参与。游戏是吸引消费者的关键，参与是推广产品的基础。要做好品牌的游戏化营销，就要构建游戏、社交、推广的三位一体平台。

三丽鸥公司为了提升Hello Kitty这一品牌的价值，推出了游戏Hello Kitty Online。在这款游戏中，游戏好友可以一起玩小游戏、聊天、做任务。Hello Kitty Online的游戏内容包括任务、游戏、互动、社区等，玩家能尽情沉浸于其中。这样覆盖全面的平台，参与度非常高，既减少了渠道成本，又提升了品牌知名度。

在游戏中适当加入一些惊喜，能有效调动起消费者的积极性，也能让其对品牌更有好感。比如，在游戏关卡挑战成功时可以安排抽奖环节，奖品可以是消费优惠或实际的奖品。这样的环节可以让游戏更有乐趣，既不会显得奖励方式太突兀，又能有效刺激消费者的购买欲。

OPPO R7s手机推广时就推出了一款页面游戏“R7s闪充之旅”，玩家需要通过左右点击来躲避障碍，吃到闪充就能得分。另外命中率达到90%时，就能触发抽奖环节，抽奖奖品是带有OPPO标志的生活用品，很受消费者欢迎。

相比于极占内存的“正式游戏”，这种减压又有趣的小游戏很轻易便占用了用户的碎片化时间，坐地铁、等公交时刷一刷，玩得好还能获得奖励，消费者会很有动力参与。

8.5 事件营销：好新闻才能做出好营销

营销的关键在于提高关注度，关注度越高，产品营销才能越成功。对此，“搞个大新闻”显然是每个企业都梦寐以求的事。

事件营销是企业营销的又一个好方法，能快速提高产品知名度，而且成本比较低，传播力度却很可观。

利用事件进行营销宣传是指综合运用新闻报道、热门事件等信息，创造最佳的传播效果。例如，在第22届索契冬奥会开幕式上，体育场上空的五朵雪绒花本应该一起绽开变为奥运五环的形象，但右上角的一朵花却因为故障没有绽开。

开幕式五环变四环，这个新闻在互联网上立刻成为一个话题。24小时后，一家名为zazzle的创意网站推出了名为“索契故障”的T恤衫，印着开幕式中奥运四环和一朵雪绒花的图案。这款T恤价格不菲，却意外受欢迎，国内的淘宝网上一天也卖出了五百多件。

近几年事件营销是企业品牌宣传的一种常用手段，如何扩造一个“好事件”，是每家企业都在思考的问题。下面介绍策划事件营销方案需要注意的4个方面。

（1）事件的起爆点

事件的起爆点是指要找一个足够吸引人的新闻事件作为话题的开端。比如，世界杯期间华帝的营销案例。华帝在世界杯开始时声称：“法国队夺冠，华帝退全款。”这个活动一开始的关注度不高，但随着法国队进入八强，议论这个活动的人越来越多。

直到法国队赢得2018年俄罗斯世界杯冠军，这个活动开始疯狂地在朋友圈刷屏。虽说最后华帝因退给消费者的是购物卡而不是现金这一点受人诟病，但这个活动引发的关注绝对是空前绝后的，可以说是一次出奇制胜的成功营销。

上述案例借助了世界杯夺冠队选这一热点事件作为开端，让华帝的产品轻松和冠军队有了同样的关注度，瞬间引爆了社交媒体，甚至在比赛结束后因为退款问题，华帝依然站在新闻事件的中心，其品牌知名度因为这次事件有了很大提升。

（2）事件的传播渠道

成功的事件营销需要精心的策划才能达到好效果，选定合适的传播渠道是其中重要的一环。一般是先通过微博、朋友圈、抖音等自媒体平台引发热度，然后吸引主流媒体注意，最后利用电视、报纸等主流媒体渠道进行大范围曝光，使其成为“爆炸性新闻”。

（3）事件最好一波三折

好的事件营销绝不是单一的一件事，而是能不断反转引起持续关注的话题。想要一直使事件保持热度，就要让观众始终保持好奇心，永远猜不到事情接下来如何发展，以此让消费者持续关注，最终将其关注点引到营销目标上。

例如，马蜂窝有一次成功的危机营销。马蜂窝曾有一个用户在微博上反馈由于马蜂窝的系统故障，自己预定的俄罗斯的旅馆错变成了希腊的旅馆。当时用户打电话向客服反馈，客服给出了两个方案，一是赔偿216元，二是用户自己打车到希腊的旅馆，马蜂窝为其报销车费并补偿100元优惠券。

客服在提供解决方案时显然没有查询地图，因为从海参崴打车到希腊需要8万元。用户对客服的解决方案很不满意，事后在微博上发布了题为《马蜂窝：抱歉，你在海参崴预订的酒店我们订到希腊了？你打车去希腊吧》的文章。

这篇文章引发了网友的持续关注，“马蜂窝打车去希腊”的话题也持续发酵，引发了不少媒体的后续报道。马蜂窝最后选择按照方案二补偿了用户8万元打车费，并给予其原订单金额三倍的赔偿。这种处理方法成功让事件转危为安，并赢得了广大网友的好感。

这次失误成功让马蜂窝把一场危机公关变成了危机营销，而成本却只有8万元。相比其在世界杯期间大量投入的广告，这次意外的营销反而获得了更多关注。

（4）事件营销要明确目标

企业要策划一次事件营销，首先需要明确营销目标，然后按照目标设计具体的方案。

8.6 口碑营销：第一步就做到

有句俗语叫作“金杯银杯不如老百姓的口碑”，口碑营销是一种重要的营销方式。消费者在购买产品后会跟家人朋友谈论产品的优缺点，这个过程就形成了产品的口碑。口碑会对未购买产品的消费者的决策产生影响，而积累好口碑，让更多人购买产品的过程就是口碑营销。

口碑来自消费者的口耳相传，而不是营销团队的一面之词。虽然营销对优化口碑能起到一定作用，但企业无法确切把控舆论走向，因此口碑营销在某种程度上也可以说是一种企业与消费者平等的营销方式。

口碑营销最关键的就是提高消费者对产品的好感度，这样消费者才愿意为产品说“好话”。过去的口碑营销只能通过人们的口耳相传，传播速度非常慢。但在社交媒体发达的今天，口碑营销借助互联网放大了影响，信息能在短时间内快速传播出去，在数十万甚至数百万用户中形成话题。

美国口碑营销专家安迪·赛诺维兹认为口碑的传播离不开5个“T”要素。

（1）Talkers（谈论者）

谈论者指的是谈论产品的人，这是口碑传播的起点。这些人是产品的粉丝或者使用过产品的用户，他们会主动向其他人谈论起产品。他们是口碑传播的推动力，如果没有这些人，口碑传播就无从开始。

（2）Topics（话题）

话题指的是谈论的内容。口碑的建立基于一个有讨论价值的话题。这个话题可以是产品的性能或设计创意，也可以是服务质量等。比如，iPhone X的“刘海儿”屏、卫龙辣条的门店风格等。话题要足够新奇，才能引发大家的讨论，最好能刺激消费者的好奇心，促使其去一探究竟。

（3）Tools（推动工具）

推动工具指的是营销团队推动口碑传播的媒介、渠道和技术等。网络媒体可以缩短口碑传播的时间、扩大传播范围、增强话题的影响力。传统媒体和网络媒体都可以作为口碑传播的推动工具，企业要谨慎利用这些工具，因为这些工具可以让“好口碑”传播得快，自然也可以让“坏口碑”传播得快。

（4）Taking Part（参与）

参与指的是参与话题讨论的人，口碑营销的最大特征是互动性极强。对此，营销团队可以主动参与消费者的话题讨论，在扩大话题影响力的同时，还能拉近与消费者的距离。

（5）Tracking（跟踪了解）

跟踪了解指的是企业要跟踪了解那些正在谈论产品的人，明确他们谈论的侧重点。这个步骤相当于收集消费者的反馈意见，是口碑传播的一项重要工作，营销团队可以根据反馈意见调整营销策略。

92%的消费者都会在购买商品时倾向于听从朋友、家人和同龄人的推荐，因为这些人更令他们信任。信任的人推荐的产品或服务会让消费者觉得更有保障。口碑营销是一个零成本提升品牌知名度的方式，那么如何让消费者主动传播产品的口碑呢？下面介绍4种口碑营销的策略。

（1）提高消费者满意度

消费者对产品满意是其主动分享产品的一个直接原因。例如，Zappos是美国一家卖鞋的网站，被称作卖鞋的“亚马逊”。它一直以提升客户满意度为基本营销方向，没有把大笔的钱花在打广告上。Zappos定期为老用户制造惊喜，包括升级送货服务、简化退换流程等。

（2）创造热点

社交媒体是增加口碑的绝佳方式，尤其是微博、大众点评等这些粉丝互动性高的平台。

例如，Wendy’s（温迪）是一家国际快餐连锁集团。网红Carter Wilkerson（卡特·威尔克森）曾发布推文申请吃一年的免费鸡块。Wendy’s称，如果Carter Wilkerson的推特超过1800万次转发，他将获得一年免费使用Wendy’s旗下一款产品的机会。虽然最后Carter Wilkerson没有达到要求，但在那时它的推特转发次数创下了历史新高。

（3）回馈社会

TOMS创始人Blake Mycoskie（布雷克·麦考斯）在阿根廷旅行时，发现贫困地区的孩子们没有鞋穿，于是他决定发起一个

“发鞋运动”的活动。消费者每在TOMS买一双鞋，该品牌都会为贫困地区的孩子捐一双鞋。

这个回馈社会的慈善活动促使人们自发传播品牌。一些消费者甚至在TOMS买了三双鞋子，只为帮助那些不幸的孩子。另外，TOMS还在社交媒体上发起了“One Day Without Shoes”（一天不穿鞋子）的活动，用户在社交媒体上发布一张没穿鞋的照片，就可以免费获得一双鞋，以此来激励更多的消费者去了解TOMS品牌。

（4）发布免费产品

休闲品牌Girlfriend Collective（女友联盟）通过一个分享活动来推广自己的紧身裤。用户在阅读Girlfriend Collective的FAQ（常见问题解答）后，在脸书上分享推荐链接，就可以免费获得一条价值80美元的紧身裤。

因为只有阅读FAQ的用户才有资格参与活动，所以Girlfriend Collective成功地将活动参与者限定在了对品牌感兴趣的人中，这些人的转化率很高。该活动推出后，Girlfriend Collective当天就收到了1万份订单，网站甚至出现了宕机情况。

8.7 借势营销：抢占焦点位是关键

借势营销是一个热门的营销方式，即借助某一热点事件来进行品牌营销，也就是俗称的“蹭热点”。这种方式既可以低成本发酵话题，又节省了前期预热话题的费用。

借势营销不仅省时省力还省钱，许多企业都从中尝到了甜头。借助人们对热点话题的关注，企业可以顺利地把品牌的理念传达给消费者。这种不经意的传播，往往会给消费者留下极为深刻的印象，让其一谈论到这个话题就会联想到产品。

品牌的核心价值是品牌营销的关键，如果热点话题与品牌的核心价值不匹配，那就没有必要借这个“势”了，因为这样反而会给品牌造成不好影响。比如自然灾害、政治事件、民族矛盾等这些敏感话题最好不要碰，因为营销话题很多都带有娱乐性质。利用这些话题去营销不仅会遭人反感，甚至会给品牌带来麻烦。下面介绍品牌借势营销的5个关键点。

（1）有差异才有关注度

“蹭热点”的目的是帮助品牌更好地传播，而不是让品牌单纯地凑热闹。在借助热点营销时，企业要先找到受众的兴趣点，然后再与产品的特点相结合，策划营销活动。没有针对性地盲目跟风，是不会给消费者留下深刻印象的。

市场上品牌众多，同一个热点，会有成百上千家企业跟风，没有差异的营销方法只会被淹没。只有结合品牌特点，从独特的视角切入，才会获得更多关注。

比如，父亲节时网络上有许多关于父亲的话题，或温馨煽情或娱乐搞笑。之前有张父亲撑伞照感动全球，被称为世界上最美的背影。很多企业在借这个热点时，都会选择父亲节礼物为切入点，但这个视角显然有些流于俗套。

吉列另辟蹊径，在父亲节时策划了晒父子照的主题活动，并且制作了H5小游戏，鼓励大家分享照片。这个活动既迎合了父亲节这个热点话题，又有极强的互动性。不是单纯地“喊口号”，而是给了消费者一个情感表达的平台，让活动有了更为丰富的内涵。

（2）“蹭热点”的目的是让消费者产生品牌印象

有时候，“蹭热点”可以帮助企业在短时间内获得了高转发率和高曝光度，但内容热度一过，消费者可能什么也没记住。这是因为有些企业只是单纯地“蹭热点”，为刷屏而刷屏，忽略了增加品牌本身曝光度的目的。

这种营销方式消费者关注的只是热点本身，没有看到热点背后的品牌。只不过因为重复的次数太多，消费者才记住了品牌的名称，至于其他更深层的信息消费者却没有接收到。

所以，蹭热点最忌讳生拉硬凑，只有调动消费者的情绪，让其经过思考，才能让消费者对品牌信息产生印象。

例如，《人民的名义》这部影视剧播出时，非常受欢迎，剧中人物李达康更是成了网友热议的对象。各大品牌纷纷借势推出文案，金立手机的文案是：“以安全的名义，保卫人民群众的手机安全，金立M6S Plus上市品鉴会，内置安全加密芯片，金立超级续航手机M6S Plus。”

这个文案的源头是剧中李达康曾被网友称为“GDP书记”。金立更是请了李达康的扮演者吴刚为产品代言，让人对品牌留下了深刻印象。在进行借势营销时，企业要时刻记住“蹭热点”的最终目的是被消费者记住，是为品牌传播做出贡献，而不是博君一笑。

（3）借助知名品牌为自己造势

一些自带热点的知名品牌，也是各大品牌商借势的主要选择。例如，苹果公司每次的新品发布都会形成很多热点话题。许多品牌纷纷借助苹果公司的热点来宣传自家品牌。

例如，卫龙辣条主营休闲食品，却成功借了苹果公司的势。卫龙辣条模仿苹果产品的设计风格，推出新款辣条Hotstrip7.0，从海报到包装都科技感十足，一改往日的杂货店风格，如图8-3所示。消费者纷纷称有一种“苹果公司竟然出了辣条”的错乱感，一时间朋友圈都被卫龙辣条占满。穿上苹果公司包装的辣条一改平民化的形象，秒变“奢侈品”，可以说是一次非常成功的包装更新。

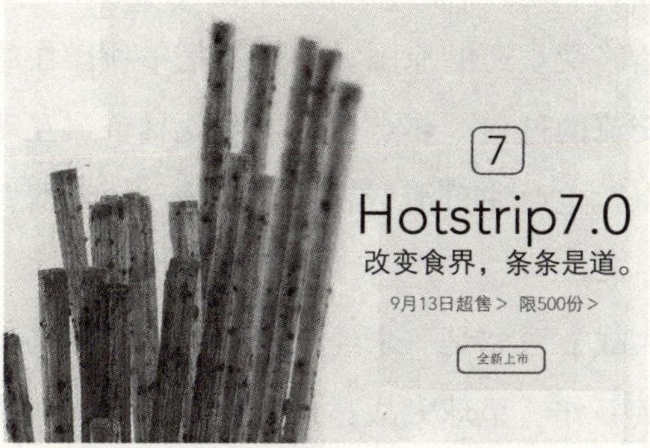

图8-3 卫龙辣条Hotstrip7.0海报

（4）扣动消费者情绪的扳机

借势营销最好的效果是让内容与消费者产生情感共鸣。前通用电气大中华区品牌与传播总监李国威曾说过：“生产一个好内容的首要技巧是站在读者兴趣的角度，与目标读者产生‘利益’与‘情感’的关联。”只有与消费者密切相关，才能使其形成分享内容的动机。

春节是中国人非常重要的节日，历年春运都是热点话题。同程旅游摒弃了简单粗暴的广告，在春节前夕推出了一个视频广告，讲述了关于买票的故事。

广告以普通人的视角，讲述了三个买票的故事，有极强的代入感。无论是买不到票的焦急、突然得到票的惊喜，还是回家路上的期待，消费者都能在这个广告中找到共鸣。

（5）“蹭热点”的关键是互动

人虽然独立存在，但任何人都无法脱离集体而生存，这也是社区类产品始终受欢迎的原因。营销不是单项操作的过程，而是与大众互动交流的过程。热点信息本身就具备“互动参与感”，所以“蹭热点”也要注重消费者的参与感，让消费者也能参与到营销的过程中来。

《星球大战》系列是一个经典的影视IP，上映40年间收获了无数粉丝。其新作《星球大战：最后的绝地武士》就在网络上形成了一个热点话题，也引来了无数品牌的“跟风”。

百事可乐为了迎合消费者的个性需求，借势推出了百事可乐无糖星球大战系列限量罐。百事可乐不仅改变包装样式，还为这个主题包装定制了H5。通过扫描二维码，手机屏幕可以变为星空，旋转手机可以参与“你和星战中哪个角色最匹配”的测试活动。

这种将三维全景互动技术与星战主题结合的策划是营销方案中的首例，这种方式不仅增强了活动的互动性和趣味性，还引发了《星球大战》系列IP粉丝的情感共鸣，实现了视觉与互动的完美结合。

8.8 跨界营销：品牌形象快速超车

现在很多品牌都不满足只经营自己的主产品，纷纷尝试“改行”。例如，旺仔牛奶出了潮服、故宫出了彩妆、六神花露水卖起了鸡尾酒。各大品牌都在跨界营销上摩拳擦掌、跃跃欲试。

跨界营销指的是两个或多个品牌，通过融合、渗透，合作推出产品，用视觉和认知上的反差来吸引消费者的注意，使相互合作的几个品牌都能得到最大化的营销效果，并提升品牌的知名度。

跨界营销将原本毫不相干的元素结合，为消费者创造新奇的消费体验，以加深其对品牌的印象。因产品与固有认知存在反差，所以很容易在消费者之中形成话题，由此能促使用户自发地传播产品信息。这种营销方式打破了传统的思维方式，反向利用不同品牌的差异性，实现了“1＋1>2”的效果。

跨界营销的最终目的是达成双方品牌的互利共赢，具体分为以下4个目标。

（1）相互借势品牌元素

跨界营销的精髓在于借助对方的品牌资产为自己的品牌加分，这也是品牌年轻化的一种手段。例如，老品牌常会找年轻人的品牌跨界合作，从而争取年轻人市场。

大白兔诞生于1959年，是一个货真价实的老品牌，然而这个老品牌的创新能力却并不逊色。大白兔继奶茶、冰激凌后，又与气味图书馆联合推出了大白兔奶糖味香水、沐浴露、护手霜等，一上线就在网络上引起了激烈的讨论。几款产品在官方旗舰店的销量都是“2万＋”，并登上了微博热搜。活动期间的总曝光量更是超过2.5亿，传播效果超乎想象。

（2）扩大渠道覆盖

由于销售渠道不同，每个品牌能够覆盖的消费群体也不同，跨界营销可以借助对方品牌的渠道资源让产品覆盖到更多用户。例如，在网易云音乐与农夫山泉的跨界合作中，网易云音乐主攻线上渠道，而农夫山泉则主攻线下渠道。二者合作推出的“音乐瓶”包装，模糊了这种渠道界限，让消费者在线上也能看到农夫山泉，在线下也能看到网易云音乐。

（3）引爆市场话题

跨界营销有短期集中爆发的特点，也就是说双方品牌会在短期内集中资源引爆热度，让其成为这一段时间内消费者谈论的话题，而非长时间持续的话题。

例如，2018年“想过喝一口六神花露水吗？”成为酒品行业里的热点话题。六神花露水与RIO鸡尾酒合作推出了“六神口味鸡尾酒”，立刻引来了“4万+”的用户围观，上线17秒就卖出了17000瓶。

首先六神花露水用“喝花露水”这样一个新奇的话题赚足了眼球，然后用与花露水相似的包装撩拨着消费者的好奇心，如图8-4所示。这个噱头让“六神口味鸡尾酒”赚足了关注度，也大大提升了产品销量。

图8-4　六神口味鸡尾酒包装设计

（4）突破场景流量

抢占用户的使用场景是营销的关键一步，而跨界营销刚好能扩大用户的使用场景。例如，网易云音乐与农夫山泉合作推出的“音乐瓶”。原本农夫山泉只能占有用户喝水的场景，网易云音乐只能占有用户听音乐的场景。但音乐瓶的推出，使得这两个产品都能同时占有喝水和听音乐两个场景，突破了原有品牌的场景流量限制。

跨界营销要秉持“和而不同”的观点，既要有反差，同时又要有相似的目标消费者，常见的跨界手法有2种。

（1）定制款产品

品牌双方合作推出一款定制产品是最常见的跨界形式，这种定制款一般都是通过IP授权的方式来实现的。例如，亚朵酒店曾与知乎进行IP合作，将上海一家亚朵酒店的四个房间改造成知乎主题，在房间中加入知乎元素。入住者的房间门卡是一张知乎问答卡，进入房间后还可以免费收听知乎的付费音频。

（2）资源技术合作

跨界合作也可以是一方品牌为另一方提供技术或资源来进行合作。例如，HM曾与CHANEL合作，请CHANEL的设计师为HM设计服装，这就是一种资源上的合作；苹果手表曾与耐克一起推出了“nike + 手表”，这就是一种技术上的合作。

8.9 饥饿营销：提高品牌附加价值、形成品牌溢价

每个买过小米手机的人都知道小米是需要抢购的，消费者经

常是提前等在电脑前也买不到小米的新品。

这是一种饥饿营销的手段，通过有意调低产量，制造供不应求的“假象”，以此来抬高售价或获得消费者的持续关注。在小米的案例中，因其最初没有门店，所以线下的小米手机价格被黄牛一再抬高，由此就造成了线上的小米手机供不应求的局面。小米用这种方式一直吊着消费者的胃口，让没买到的消费者始终保持对产品的好奇心。

饥饿营销可以营造一种产品稀缺的感觉，这种情境下消费者买到产品会比一般情况下买到产品更有满足感，没买到的消费者会一直关注产品直到买到为止。

饥饿营销本质上是一种强势营销，即在买卖过程中由企业占主导地位。消费者需要等着产品面世，在这个等待的过程中，消费者会自动地在心中美化产品，在拿到产品时也会更加满足。

饥饿营销如果操作不当，会给企业带来负面影响。尤其是当实际产品与消费者的期望出入过大时，消费者的失望也会加倍。另外，限量发行的产品经常会陷入小众化的漩涡。产品量少，意味着消费群体的规模也很小，很难得到主流消费人群的认同。如果品牌的独特性也不足，就难以在同质化现象严重的市场中存活，原有用户也可能会转移，进而导致企业的运营风险增加。

如何玩转饥饿营销，可以参考以下3种方法。

（1）制造产品的唯一性

唯一性是饥饿营销最重要的特点，只有别的地方买不到，消费者才会心甘情愿在你这里等几天甚至几个月。

原小米产品总监王腾曾说过："小米的第一波热度很高，所以会产生溢价，黄牛就会因为利益驱动进来抢货，导致产品更加供不应求。但如果小米准备海量货，只靠线上卖的量，就会产生巨大的库存，可能会导致巨大亏损。"

优衣库KAWS系列曾造成了巨大的抢购热潮，原因是这是KAWS和优衣库合作的最后一个产品。"最后一个"显然就意味着绝版、再也买不到，本着与其诀别的心情，消费者只能通过购物来化解这份伤感。

这种因稀缺而产生的消费冲动，叫作"稀缺效应"。优衣库与KAWS的最后一次合作，并不是产品本身真的存在客观原因不能再生产，而是商家为消费者制造出了一种稀缺的错觉。消费者相信这就是最后一次合作，不买就再也没有了，所以会毫不犹豫地下单。

（2）找到痛点，定向投喂

饥饿营销的前提是引起消费者足够的关注，没有关注度，任何营销方式都寸步难行。在新产品推出前，企业要利用各种渠道做宣传预热，要做到"说一半，藏一半"，吊足消费者的胃口。另外，要懂得针对消费者的痛点进行营销，只有明确消费者的需要，产品才容易被消费者接受。

星巴克的猫爪杯迎合了当下流行的"吸猫族"的情感需要，优衣库KAWS系列则迎合了年轻人对潮人服饰的需求。

人是一种群体性动物，不太愿意离开集体而存在，所以都会有一些从众心理。但作为个体，身处于群体中，又会不自觉地将自己与他人比较，因此还会有好奇与嫉妒的毛病。

抓住人心理上的薄弱点，才能做好饥饿营销。限量发行的产品越是难得到，消费者的心里就越想得到。另外，在消费者自身的求名心理、好奇心理、从众心理的加持下，这种非得到不可的感觉会被无限放大。

（3）营造供小于求的感觉

由于社交媒体的发展，消费者已经成为当今时代消费传播的主导者。消费者对品牌的自发传播，可以大大提升品牌营销的投资回报率。企业可以通过提高购买门槛的方式营造供小于求的感觉，刺激消费者主动在社交媒体上发布自己购买产品的心路历程，从而帮助品牌传播。

星巴克的猫爪杯使用的就是这种方法，猫爪杯只接受预定，且每天限量1000～3000个，这个方法把一个普通的玻璃杯从原价199元炒到了600多元，而且还有源源不断的人预订。很多抢购成功的人更是把杯子的照片发到了社交媒体上，吸引了更多人注意到星巴克的猫爪杯。

8.10 新媒体营销：融合内容与社交

随着互联网技术的发展，新媒体平台和用户不断增加，这无疑又为企业增加了一个新的营销渠道。从杜蕾斯的“神文案”到支付宝的“集五福”活动，新媒体爆发出的传播力和影响力远超传统媒体，各大企业也因此纷纷在各大社交平台上建立了官方账号。

新媒体相较于其他营销渠道，自带庞大的用户群和用户数据库，可以更方便地实现精准营销。例如，用户关注了哪些产品、留过什么言、给什么内容点过赞等，这些信息可以帮助企业建立用户画像，增强产品与消费者的联系。

如何利用新媒体营销把内容与社交相结合，进而让销售额裂变增长呢？主要有以下4种方法。

（1）社交裂变

社交裂变是指通过收益分成，把“顾客”变成“销售”，利用社交网络传播速度快的特点，实现“一传十、十传百”的效果。例如，连咖啡的口袋咖啡馆，用户可以基于平台创建自己的咖啡馆，如果有人在这个咖啡馆里购买了咖啡，用户就能获得奖励。

（2）99%的干货+1%的植入

“99% + 1%”是新媒体销售文案中常使用的模式。例如，一个视频或一篇文章，前面大部分都是实在的内容，直到最后才会出现广告信息。一些平台的知名KOL就常会发布这样的文章或视频。

这样的广告植入通常不会引起用户的反感，因为前面的内容对用户确实是有价值的，在这种情况下，文末插入一小段广告信息也不会让用户有不适感。相反，如果通篇都是广告信息，用户可能都不会点进去。

（3）短视频的应用

如今，年轻人喜欢用短视频记录生活日常，抖音、快手、西瓜等短视频平台也因此层出不穷。与平面广告相比，短视频能涵盖的内容更多，形式也比较新颖有趣，是产品吸睛的一大法宝。

现在的流量资费越来越低，意味着营销内容必然会从文字过渡到图片或视频。短视频的出现正好顺应了这样的趋势，无论是普通人还是明星网红都在用短视频记录生活，其传播速度和影响力都是不言而喻的。

（4）Z世代营销

Z世代是指1995～2009年间出生的人，又被称为互联网世代。如今，Z世代已经逐渐成为消费市场的生力军，拥有巨大的消费潜力。作为互联网的“原住民”，新媒体营销明显更符合他们的胃口。

偶像、游戏、交友，是Z世代人群最感兴趣的三大话题。他们与父母的关系更平等，拥有更多的经济支配权，眼界也更开阔。

社交媒体是这些年轻人的聚集地，想要俘获他们的心，企业也要将品牌变得年轻化，用他们的语言讲他们感兴趣的话题。

故宫近年来可以说是新媒体营销的标杆了。故宫2013年建立了故宫淘宝的微信号，但一开始还是保持着自己严肃的“画风”，所以没有太大反响。

2014年，一篇名为《雍正：感觉自己萌萌哒》的文章发布，竟然一举获得了“10W＋”的阅读量。文中，《雍正行乐图》被改成了GIF动画，还配上了“好生性感的脚丫！”“朕……脚痒……”等逗趣的文案。封面上摆着剪刀手的皇帝形象更是走红网络，网友纷纷自发将内容进行二次传播。

自此，故宫就开始变得“不正经”，用逗趣的方式为大家讲述了一个又一个历史人物与历史故事。这座庄严肃穆的紫禁城一下子“返老还童”，走进了年轻人的视野。

2015年，故宫文创产品问世。故宫淘宝先发表了一篇《朕有个好爸爸》的文章，通篇讲述康熙皇帝对子女的教育，直到文末读者才发现这是一篇推广以《胤禛耕织图》为原形设计的记事本的营销文案。此后，故宫正式开始经营文创周边产品，仅用了一年时间，其旗下产品就已达8700余种，销售额更是突破了10亿元。